디지털 정복자
삼성전자

디지털 정복자 삼성전자

펴낸날 2005년 10월 20일 초판 1쇄

지은이 조현재 · 전호림 · 임상균
펴낸이 김석규
펴낸곳 매경출판(주)
등 록 2003년 4월 24일 (No. 2-3759)
주 소 우)100-728 서울 중구 필동1가 30번지 매경미디어센터 3F
전 화 02)2000-2610~2, 2632~3(기획팀) 02)2000-2645(영업팀)
팩 스 02)2000-2609
이메일 publish@mk.co.kr

ISBN 89-7442-358-8

값 12,000원

디지털 정복자
삼성전자

조현재, 전호림, 임상균 지음

매일경제신문사

1년 전인 2004년 초가을, 삼성그룹의 신입사원 채용계획이 발표됐다. 5,000명, 그 중 60%가 넘는 3,150명은 삼성전자가 뽑는다는 내용이었다.

이것이 이 책이 나오게 된 발단이다.

삼성그룹의 절반 이상이 삼성전자? 그렇다면 삼성전자는 그 자체로도 거대한 그룹이 아닌가. 그 그룹 자체를 한번 파헤쳐 보자. 그룹으로서의 삼성전자, 그것을 해부해보면 그 나름대로 의미가 있는 것이 아닌가.

이런 관심에서 이 기획은 시작됐다.

실제 그렇다. 삼성전자의 2004년 매출액은 57조 원, 이것은 4대 그룹으로 불리는 SK그룹(56조 원)보다 많다. 삼성전자가 4대 그룹의 위상을 차지하고 있는 셈이다.

아마 이 정도까지는 독자 여러분도 예상하는 내용일게다. 하지만 삼성전자가 얼마나 큰 기업인가는 이런 비교를 해보면 더 명확해진다.

삼성전자가 만들어내는 경제력(매출)은 떠오르는 신흥국 베트남

이나 오일강국 쿠웨이트의 국내총생산(GDP)보다 100억 달러 이
상 많다.

쿠웨이트의 2004년 GDP는 417억 달러, 베트남의 GDP는 452억
달러다. 삼성전자의 매출액은 553억 달러. 이들의 전세계 GDP
순위는 56위와 57위. 55위는 모로코로 GDP가 500억 달러다. 54
위는 인구가 많은 방글라데시로 568억 달러다. 말하자면 삼성전
자는 세계 55위 GDP 국가와 맞먹는 규모다. 참고로 세계에서
가장 많은 매출을 올리는 기업은 월마트로 2,882억 달러 매출
(2004년)을 올려 22위 GDP국가인 인도네시아(2,576억 달러)보다
많은 경제력을 자랑한다.

삼성전자 그룹의 해부는 삼성전자 경영의 비밀을 캐는 데 초점
이 맞춰졌다.

하나의 기업으로서 4대 그룹의 자리까지 큰 비결은 무엇인가.
순이익 100억 달러(10조 원) 클럽에 들어가게 한 실력은 어디서
나오는 것인가.

그 비결은 하나에만 있는 게 물론 아니다. 그래서 정말 여러 갈
래의 측면에 대해 취재가 진행됐다.

제품은 어떻게 만드나. R&D는, 그리고 최근 중요시되고 있는
디자인 전략은 무엇인가. 경쟁사를 압도하기 위한 전략은 무엇
인가. 글로벌 인재는 어떻게 키우나. 어떤 보상을 해주길래 조직
원들이 이런 경쟁력을 만들어내는 것일까. 이를 이끌어가는 주

역은 누구고 그들의 경영철학은 뭔가. 거액의 투자비가 들어가는 반도체 등에 대한 투자전략이나 의사결정은 어떻게 하나. 각각 다른 사업부문간 협력과 경쟁은 어떻게 하고 이런 사업구조가 경쟁력 강화에 어떤 도움을 주었나. 협력사 관리는, 안정주주 공작은 어떻게 하나.

이러한 의문은 꼬리에 꼬리를 물고 그 열쇠를 찾아 헤매도록 만들었다. 물론 처음에는 독자적인 취재와 함께 외곽을 돌아 정수를 향해가는 방식으로 접근이 이뤄졌지만 삼성전자 측의 협조도 많은 도움이 됐다.
경영의 노하우를 외부에 그대로 노출시킨다는 것은 기업으로서 썩 반가운 일은 아니다. 그렇지만 자칫 잘못된 평가가 나오기 보다는 바른 해석이 낫다는 차원에서 공조가 이뤄졌다.

삼성전자는 한국기업이 아니다. 글로벌 기업이다. 제품의 80% 이상이 해외에서 판매된다. 삼성전자 경영의 비결은 글로벌 기업 경영의 비결이다. 한국에서 태어난 글로벌 기업의 실체나 경영 전략은 역시 한국 언론, 특히 매경이 가장 잘 알아야 되는 것 아닌가.
이런 책임감도 이 기획을 하는 데 작용했다. 삼성전자뿐만 아니고 글로벌 플레이어로 활동하는 한국 기업의 뉴스는 모두 그렇다. 취재는 그래서 더욱 더 치밀하게 이뤄져야 했고 글 작성도 마찬가지였다. 이는 뉴스의 수출과도 연관이 있다. 신문의 글로벌화를 위해서도 필요한 작업이었다.

삼성전자 경영은 바로 '이건희 경영'이다. 2세로서 그룹의 책임을 맡은 이회장의 경영능력을 세계적으로 인정받는 데는 삼성전자의 성공이 기여한 측면이 크다.

과감한 투자결정과 월드베스트를 추구하는 이회장의 경영철학이 오늘날 삼성전자를 만들었다. 이회장의 결단력과 선견지명이 삼성전자를 세계 최강의 전자기업으로 키웠다.

이 책은 바로 이건희 경영의 비밀을 파헤친 분석서이기도 하다.

삼성전자의 구조는 참 특이하다. 반도체, 정보통신, LCD, 디지털 미디어, 가전 등 비슷하면서도 다른 사업부문이 독립적으로 운용된다. 각 부문별 CEO가 물론 따로 있다. 경영총괄과 R&D 부문도 별도의 사장이 있다.

업종 전문화가 된 것 같으면서도 복합기업의 형태를 띠고 있다. 자동차 하나로만 이뤄진 도요타형인 것 같으면서도 6개의 큰 사업부문을 지닌 GE형과도 유사하다.

이러한 기업형태는 경영학자들의 연구테마이기도 하다. 전세계 모든 기업의 벤치마킹 대상이다. 그 테마에 대한 궁금증을 풀기 위해 이 책의 저자들은 나름대로 노력했다고 자부한다.

이 책은 크게 세 부분으로 나뉘어져 있다. 첫 파트는 삼성전자 그 자체의 분야별 경영비결이 분석돼 있다. 둘째 파트에서는 반도체 최강기업 인텔과의 경쟁력을 비교했다. 최고기업간 비교를 통해 삼성전자의 장·단점을 함께 분석해보려 했다.

마지막 파트에는 삼성전자를 이끌고 있는 핵심 13인방에 대한 해부가 담겨 있다.

오늘날 삼성전자가 있기까지 삼성맨들은 많은 땀과 함께 세계 곳곳을 누비고 다녔다. 그 중 가장 많이 찾아간 곳은 일본기업이었을 것이다. 최고의 벤치마킹 대상이었고, 언제쯤 일본기업처럼 경쟁력을 가질까 하는 마음이 삼성맨들 사이엔 항상 자리잡고 있었다. 이젠 그런 염원은 옛 추억이 되어가고 있다.

2004년 6월, 지금은 현장에서 물러난 이데이 소니 회장이 한국을 찾아왔다. 삼성과 소니의 합작사 S-LCD의 탕정공장 준공식에 참석하기 위해서였다. 준공식 파트너는 윤종용 부회장.

이건희 회장은 현장에 안 가고 전날 승지원에서 이데이 회장과 면담했다.

옛날 같으면 상상도 하지 못할 '위상의 역전'이 벌어진 것이다. 지금에야 하는 말이지만 과거 삼성맨들은 소니 사람들로부터 참 많은 설움을 받았다. 인사차 찾아가도 문전박대, 기술 좀 배우려 하면 정말 많은 공을 들이고서야 가능했다.

지금은 소니가 먼저 손을 내밀고 협력하는 데 훨씬 적극적이다.

특허까지 공유하고 있다.

이런 역전의 스토리를 낳게 한 비결이 이 책에 담겨져 있는 것이다.

이 책 내용의 근간은 매일경제가 2004년 가을에 연재했던 '삼성전자 그룹을 해부한다' 시리즈다. 이 책 첫 파트는 그게 중심이다. 하지만 책의 내용은 새롭게 틀을 바꾸었고, 지금에 맞게 많은 내용을 수정했다. 인텔과의 비교, 경영의 주역에 대한 스토리는 새로 추가된 내용이다.

이 기획의 시발은 산업부 차원에서 이뤄진 것이지만 취재와 분석은 전자팀과 삼성그룹 담당 취재팀의 역할이 컸다. 대표집필을 한 전호림 부장과 임상균 기자는 정말 감당하기 어려운 데스크의 주문을 소화해가면서, 때론 밤잠을 자지 못하면서 글을 써냈다. 글로벌 경쟁력을 갖는 분석을 하기 위해 땀을 많이 흘렸다. 이 자리를 빌어 노고에 감사한다.

이 작품이 혹 기획과정에서 있었던 데스크에 대한 서운함을 털어내는 계기가 되었으면 한다. 이름을 다 올릴 수 없는 모든 산업부원들에게 감사를 드리고, 도안이나 편집에 신경써준 동료들에게도 고마움을 전한다.

이 기획을 완수하도록 격려해주신 장대환 매일경제신문 회장님,

시리즈 당시 편집국장으로서 많은 고언을 해준 장용성 상무와 한명규 편집국장 등 선배 동료께 감사를 드린다.

개인적으로 주일특파원 선배로서 항상 따뜻한 말을 건네주는 김석규 매경출판 대표의 독려가 없었으면 이 책은 탄생되지 못했을 것이다. 그와 함께 좋은 작품으로 각색해준 입사동기 남동희 출판부장에게도 고마움을 전한다.

마지막으로 이 작품의 신뢰성을 높이고 깊이를 더해주기 위해 별도 인터뷰에 응해주신 윤종용 부회장님을 비롯한 삼성전자 경영진, 취재과정에서 물심양면으로 도움을 준 김광태 홍보상무께 고마움의 마음을 전하고자 한다. 이 글을 읽고 한 번 미소를 짓기를 기대해본다.

매일경제신문 산업부장 **조현재**

Contents

PART **1** 한국식 글로벌 경영

Contents

한국식
글로벌 경영

1 재계 4위 그룹 '삼성전자'

01 '삼성(三星)' 아닌 '일성(一星)'?

'국내기업 사상 첫 100억 달러 클럽 가입'.

2005년 초 삼성전자가 얻은 2004년 경영성적표이다.

삼성전자는 국내기업으로는 사상 처음으로 순이익 '100억 달러 클럽'에 가입한 회사이다. 국내뿐 아니라 전세계적으로 봐도 2003년에 순이익 100억 달러 이상을 올린 기업은 MCI, 엑손모빌, 시티그룹 등 9개사에 불과했다. 이익 규모로 따져 삼성전자는 명실상부한 '글로벌 톱 10' 기업이 된 것이다.

삼성전자는 2004년에 매출 57조6,324억 원, 영업이익 12조169억 원, 순이익 10조7,867억 원, 수출 47조5,956억 원의 사상 최대 실적을 거뒀다. 매출과 영업이익, 순이익은 2003년보다 32%, 67%, 81%씩 늘어난 규모이다. 달러로 환산할 경우 삼성전자의 순이익은 103억 달러에 달한다. 2003년 기준 '100억 달러 클럽'

가입 기업은 세계적으로 9개사이나 순수한 제조업은 일본 도요
타가 유일했다.

1위인 MCI(222억 달러), 2위 엑슨모빌(215억 달러), 3위 시티그룹
(178억 달러) 등은 모두 순수 제조업으로 보기 힘들다. 세계 최고
의 IT기업으로 자타가 공인하는 MS도 99억9,000만 달러로 삼성
전자에는 뒤처진다.

삼성전자의 급성장은 비단 일개 기업의 변화만으로 치부해서는
안된다. 한국 재계 전체에 미묘한 지각변동으로 이어지고 있다.

100억 달러 클럽 가입과 동시에 삼성전자는 국내에서 재계 4위
의 '그룹'으로 부상하고 있다.

삼성전자의 2004년 매출액 57조6,324억 원은 재계 4위인 SK 56
조1,370억 원을 추월한 규모이다. 삼성전자를 하나의 그룹으로
본다면 국내 서열 4위에 해당하는 셈이다. 롯데(26조6,159억 원),
한진(17조780억 원), GS(23조5,900억 원) 등 쟁쟁한 그룹들의 매출
은 일개 기업인 삼성전자의 절반에도 못미친다.

실제로도 삼성전자는 별개의 그룹처럼 움직이고 있다. 경영체제를 사실상 그룹 형태로 갖춰놓았기 때문이다.

반도체, LCD, 휴대폰, 디지털가전, 백색가전 등 5대 주력사업은 각기 전담 사장을 두고 독립적으로 경영이 이뤄진다. 각 총괄사장은 다른 그룹으로 치면 계열사 사장이나 마찬가지다.

총괄별로 기획, 인사, 재무 등 기업에 필요한 제반기구를 모두 갖추고 있다.

이건희 회장이 총괄회장이라면 윤종용 부회장은 실무 회장급이고 반도체, 휴대폰, LCD를 맡는 황창규 사장, 이기태 사장, 이상완 사장 등은 계열사 사장이라고 볼 수 있다. 이들은 개별적으로 글로벌 무대에서 웬만한 재벌그룹 회장보다도 높은 대우를 받는다.

'삼성전자 그룹'을 총괄하는 구조조정본부격 조직도 있다. 최도석 사장이 맡고 있는 경영지원총괄이 그 역할이다. 각 사업부별 재무, 인사를 총괄 · 지휘한다.

한때 한국 기업에 대해 '삼성과 그 밖 기업'이란 유행어가 있었다면 삼성그룹 내에선 '전자와 그 밖 기업'이란 말이 나올 정도다.

그래서 세 개의 별을 뜻하는 삼성(三星)이 이제는 '일성(一星)' 그룹이 되는 것이 아니냐는 농담도 재계에서는 나온다.

이를 보여주는 단적인 예가 2004년 하반기 삼성그룹의 채용 현황이다. 전체 인원 5,000명 중 60%가 넘는 3,150명을 삼성전자가 뽑았다. 이는 63개 계열사가 있는 그룹의 살림 중 상당 부분을 책임지고 있음을 보여준다. 이 규모는 재계 2위인 LG가 뽑는

3,000명보다도 많다.

실제 삼성그룹에서 차지하는 삼성전자 비중은 절대적이다. 총 63개 계열사가 있지만 삼성그룹의 세계적인 위상과 힘은 삼성전자 혼자 만드는 것과 다름없다.

2004년 그룹 매출액이 139조 원이었는데 삼성전자 혼자 차지한 규모가 57조6,324억 원이었다. 순이익은 그룹 전체규모 13조2,740억 원 중 삼성전자가 10조7,870억 원으로 81%를 차지하고 있다.

한진, 롯데보다 큰 기업

공정거래법상 그룹 서열을 결정하는 자산기준으로 볼 때에도 삼성전자의 위상은 대단하다.

2004년 말 기준 삼성전자의 자산총액은 43조8,160억 원으로 국내 그룹 서열 5위에 해당한다. 공기업으로 98조 원의 자산을 보유해 2위에 위치한 한전을 제외하면 삼성(108조 원), 현대차(56조 원), LG(51조 원), SK(48조 원) 등 4대그룹 바로 밑이다. 수십 개의 계열사를 거느린 한진, 롯데그룹 등은 한참 아래에 있다.

매출에서는 삼성전자가 2004년에 57조6,324억 원을 거뒀다. 삼성, LG, 현대차, SK에 이은 국내 4위에 해당한다. 순이익은 삼성전자 자신이 포함된 삼성그룹(132조 원)에 이어 2위다. 3위인 LG그룹(5조4,980억 원)의 2배에 가깝다.

다른 그룹은 1, 2개를 만들어 내기도 버거워하는 세계시장 점유

순위	자산규모	매출규모	순이익규모
1	삼성(107.6)	삼성(139.2)	삼성(13.3)
2	한전(98.3)	현대차(68.0)	**삼성전자(10.8)**
3	현대차(56.0)	LG(63.1)	LG(5.5)
4	LG(50.9)	**삼성전자(57.6)**	SK(4.6)
5	SK(47.9)	SK(56.1)	한전(4.5)
6	**삼성전자(43.8)**	한전(40.4)	포스코(4.0)
7	도로공사(32.4)	포스코(26.7)	현대차(3.4)
8	롯데(30.3)	롯데(26.6)	롯데(2.0)
9	KT(29.3)	GS(23.1)	KT(1.5)
10	포스코(25.7)	한화(20.6)	GS(1.3)

*2004년 말 기준 〈자료=삼성전자, 공정위〉 　　　　　　　　　　　　　　(단위 : 조원)

율 1위 제품(월드베스트)을 삼성전자는 D램, LCD, 컬러모니터
등 9개나 보유하고 있다.

한국경제의 20%는 삼성전자 몫

　한국 '대표그룹' 삼성전자 위상은 한국 경제의 각종 지표에
착시현상을 유발할 정도다.

2004년 전체 삼성전자 수출규모는 47조6,000억 원으로 우리나
라 총 수출의 16.3%를 혼자 담당했다. 시가총액 또한 삼성전자
가 77조8,000억 원으로 전체 392조9,000억 원의 19.8%다.

한국의 미래를 결정하는 R&D의 절반 가까이는 삼성전자의 힘
으로 이뤄질 정도다. 2003년 삼성전자는 총 3조5,294억 원을

R&D에 투입했는데 전체 상장사 R&D 투자규모인 8조7,995억 원의 40%를 점했다. 이는 삼성전자의 호황과 불황에 따라 한국 경제가 왔다갔다할 수 있음을 보여주는 지표들이다.

삼성전자의 국가경제에 대한 절대적인 영향력은 한편으론 '삼성 공화국'이란 말이 나올 정도로 부정적 인식을 가져오기도 한다. 막강해진 힘을 이용해 입법, 사법, 행정 등 국가경영 전체에 영향력을 행사할 수 있다는 우려 때문이다.

하지만 삼성의 높아진 위상이 우리나라의 국가신용도와 국가경제력 전체의 향상을 가져오며, 한국 브랜드 자체를 높이는 것은 물론 막대한 고용효과도 가져오는 등 국가 전반에 긍정적 효과를 가져오는 것도 간과할 수 없다.

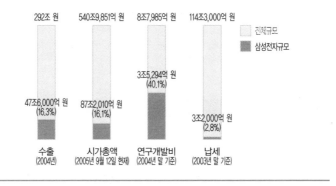

°한국경제에서 삼성전자가 차지하는 비중

02 창조적 경영으로 급성장

"기업인은 새로운 질서를 만들기 위해 과거의 제도와 질서를 파괴하는 카오스(Chaos) 메이커가 돼야 한다."
윤종용 삼성전자 부회장이 자신의 저서인 《초일류로 가는 생각》에서 피력한 경영관 중 하나다. 윤부회장은 저서에서 "미래는 예측하고 기다리는 것이 아니라 창조하는 것이다. 초일류는 미래를 창조하는 자만이 만들 수 있다"라고 강조했다.
삼성전자가 2004년 '글로벌 100억 달러 클럽'에 가입할 정도로 급성장한 배경에는 이 같은 혁신과 창조에 바탕을 둔 경영이 큰 힘이 됐다.
외신에서는 윤부회장을 가리켜 '진정한 혁신가'〈비즈니스 위크〉, '혼돈제조기'〈파이낸셜타임즈〉, '효율성과 속도를 추구하는 이단자'〈포브스〉 등으로 표현하는 이유다.

완벽한 사업 포트폴리오

글로벌 IT무대에서 삼성전자가 가진 최고의 경쟁력은 디지털 컨버전스 시대에 적합한 최적의 사업 포트폴리오다.
삼성전자의 주력사업은 반도체, 디스플레이, 휴대폰, 디지털가전, 생활가전이다. 이들 사업은 서로 수직적 결합 관계를 갖고 R&D에서부터 생산, 마케팅에 이르기까지 유기적인 시너지를 발휘한다.

제품에서도 디지털 컨버전스를 추구하는 소비자들을 충분히 만족시킬 수 있다. 찍고(캠코더, 카메라폰), 보고(디스플레이, TV, 모니터), 저장하고(스토리지, DVD레코더, 하드디스크), 처리해서(프로세스, 노트북PC), 연결하는(DMB, 유무선 네트워크) 5가지 핵심 제품과 기술이 삼성전자 제품으로 모두 가능하다.

또 휴대폰이나 디지털가전의 핵심 부품인 반도체, 디스플레이를 자체 생산하기 때문에 부품공급과 미래 기술개발 등에서 협력체제를 가동할 수 있다.

이는 디지털 시대를 명확히 예견하고 일찌감치 사업구조 개편을 준비한 결과다. 디지털 컨버전스 체제는 경영 스피드에서도 많은 장점을 가져온다.

삼성전자 휴대폰은 연간 100종의 새로운 모델을 출시해 다양한 제품군을 생산하는 반면 노키아는 연간 20~30종의 새 모델을 선보인다.

삼성전자는 또 플래시메모리를 발명한 도시바를 누르고 이 부문 세계최강에 올랐다. CDMA이동 기술은 미국 퀄컴이 개발했지만 아시아에서 CDMA표준을 상용화시킨 것은 삼성전자다.

소프트 혁신

삼성전자의 창조적 경영은 단적으로 엄청난 소프트웨어에 대한 투자에서 찾아볼 수 있다. 삼성은 반도체, 휴대폰, 가전 등을 만드는 제조업체이지만 경쟁력은 디자인, 마케팅 등 소프트웨어에서 한껏 발휘되고 있다.

1996년 이건희 회장은 이 같은 중요성을 일찌감치 간파했다. "디자인과 같은 소프트한 창의력이 기업의 소중한 자산이자 21세기 기업경영의 최후 승부처가 될 것"이라며 '디자인 우선 경영'을 선언했다.

이후 삼성전자는 가전 휴대폰을 개발할 때 기초부터 디자이너가 참여하게 됐다. 핵심기술이 아무리 좋아도 제품 디자인이 나빠진다고 판단되면 수용되지 못하는 경우가 흔하다. 소비자의 최종 선택의 판단은 결국 디자인이기 때문이다. 이를 위해 설립한 디자인경영센타도 윤종용 부회장 직속 기구로 두고 있다. 그리고 전체 연구개발(R&D) 인력 2만2,000명 중 절반 이상이 소프트웨어 담당이다.

휴대폰은 미래에 유행할 디자인을 먼저 개발해 놓으면 시기에 맞게 이를 제품화하는 시스템이 정착됐다. '디자인 뱅크 시스템'이다. 삼성전자에서 디자인은 단순히 인기제품을 만드는 데 그치지 않는다.

해외에서 디자인상을 3개나 탄 삼성전자의 컴퓨터 모니터 '싱크마스터 173P'는 디자인으로 막대한 물류비 절감효과를 거둔 대표적인 제품이다. 디자인센터에서 모니터 연결 부위 2군데를 접이식으로 개발했기 때문에 운송시 제품크기를 절반으로 줄일 수 있게 했다.

소프트 혁명이 빛을 발한 분야는 휴대폰과 디지털가전이다. 삼

성 애니콜 휴대폰은 세계 휴대폰시장의 트렌드를 주도하기로 유
명하다. 2004년 출시된 신형 DLP 프로젝션 TV인 'L7'도 디자인
으로 출시 두 달만에 미국시장을 평정하며 성공했다. 대형 화면
을 갖추고도 브라운관 TV처럼 공간을 많이 차지하는 프로젝션
TV의 단점을 극복하기 위해 내부장치를 TV 밑부분으로 돌려놓
아 TV 두께를 절반 이하로 줄였다.

"앞서가지 않으면 죽는다"

삼성전자의 창조적 경영은 투자와 시장 전략에서도 적용된다.
대부분 기업들이 몸을 움츠리는 불황기에 오히려 공격적인 투자
에 나서기로 유명하다. 그만큼 장기적인 미래를 내다보는 경영
이 이뤄진다.

1999년부터 2003년까지 5년 동안 시설투자(23조7,400억 원)와 연
구개발(12조3,000억 원)에 쏟아부은 돈만도 36조 원에 달한다. 5
년 동안 올린 순익 합계 25조2,000억 원보다 더 많은 돈을 투입
했다. 공격적인 투자는 호황기에 시장을 선점할 수 있는 역량을
확보해준다.

D램과 LCD가 대표적이다. 이 시장은 초기에 가격이 높기 때문
에 시장을 선점하는 선두주자만이 '꿀물'을 먹을 수 있다. 후발
주자는 범용시장으로 변해버려 이윤도 박한 상태에서 치열한 경
쟁을 벌여야 한다.

삼성전자는 이 같은 시장에서 시설과 R&D에 대한 공격적인 투

자를 통해 시장을 선점하는 전략을 전개해왔다. 수조 원의 자금을 집중 투입해 남보다 한발 앞서 신제품을 내놓고 선행투자의 이익을 챙긴 뒤 경쟁사가 따라오면 가격을 떨어뜨려 상대방이 가져갈 이익을 최소화하는 것이다.

이렇게 경쟁사의 수익원을 차단해 투자 여력을 주지 않음으로써 삼성을 앞지르지 못하도록 하는 효과를 노린 것이다.

지난 1992년 64메가 D램 출시를 기점으로 세계 D램시장에서 일본을 제치고 1위가 된 삼성전자는 이후 256메가(96년), 512메가(2001년), 2기가(2004년) 등 6세대 연속 세계 최초 개발 기록을 세우면서 반도체 사업에서 상대가 치고 나오지 못하도록 눌러버렸다.

기존 DDR D램보다 처리 속도가 월등히 빠른 DDR2 D램은 삼성이 최초로 개발한 이래 시장 장악력 50%를 갖고 많은 이익을 챙기면서 후발 업체가 들어오면 가격을 떨어뜨리는 패턴을 보이고 있다. 삼성전자가 맨처음 세상에 내놓은 낸드플래시도 현재 시장 65%를 장악하면서 선발 이익을 얻고 있다.

03 세계가 놀라는 급성장

글로벌 무대에서 삼성의 위상변화도 삼성전자의 역할이 크다. 2000년대 전후만해도 삼성전자는 국제적으로 별로 눈에 띄지 않는 기업이었다. 반도체 하나 잘 만드는 기업쯤으로 치부됐다.

2001년 영국 〈파이낸셜타임즈〉가 평가한 글로벌 500기업 중 삼성전자의 위치는 중간쯤인 225위였다. 하지만 2005년 같은 평가에서 삼성전자는 45위로 급성장했다.

미국 〈포춘〉이 선정하는 글로벌 500 기업에서도 삼성전자는 1999년 207위에 불과했지만 2005년 발표에서는 544억 달러(2003년 실적)의 매출을 가진 세계 54위 기업으로 평가받았다. 불과 4~5년새 삼성전자가 국제적으로 차지하는 위상이 4배 정도 뛰어오른 셈이다.

이렇게 성장하자 해외언론에서의 찬사도 쏟아진다

미국의 경제주간지 〈비즈니스위크〉는 삼성전자의 디자인 역량을 호평하면서 '아시아에서 최초로 기업성장에 디자인을 활용한 기업'이라고 평가했다. 〈비즈니스위크〉는 2004년 유럽-아시아판 커버스토리로 6페이지에 걸쳐 'Samsung Design'을 소개했다.

〈비즈니스위크〉는 '한국의 거대기업 삼성전자는 세계에서 가장 세련된 제품을 생산하고 있으며 지속적인 혁신을 추진하고 있다'며 '삼성전자는 초일류기업으로 성장하기 위해 디자인을 활용한 아시아 최초의 기업'이라고 소개했다.

또 '누구도 삼성전자가 디자인의 가치를 기업 문화에 깊게 각인하는 데 성공했다는 사실을 부인하지 못할 것'이라며 '디자인은 치열한 경쟁 시대를 이겨 나가는 기업에게 지속적인 우위를 창출해주는 원동력'이라고 덧붙였다.

또한 '삼성전자는 소비자가 알아차리기도 전에 소비자 취향에 잘 맞는 제품을 찾아내는 것을 디자인에 주안점을 둔다'며 '새로운 아이디어 중 상당분은 해외에 파견된 디자이너로부터 들어오고 있다'고 분석했다.

삼성전자 윤종용 부회장은 인터뷰에서 '삼성전자는 가전업계의 메르세데스 벤츠가 되고자 한다'며 '훌륭한 디자인은 삼성전자와 경쟁업체를 차별화하는 가장 중요한 방법'이라고 강조했다.

프랑스 최대 경제지인 〈레제코〉(Les Echos)의 자매지인 월간 〈앙주레제코〉(Enjeux Les Echos)는 2005년 2월호에 '삼성전자의 디지털 경영'이란 제목의 기사로 '세계 2위의 휴대폰 업체이자 디스플레이 선두기업인 삼성전자가 새 경영모델을 제시하고 있다'고 소개했다.

이 잡지는 '모토로라가 삼성전자에 휴대전화 2위 자리를 내준데 이어 노키아도 삼성전자의 위협으로 제품과 가격을 재검토하고 있다'며 '삼성전자는 평면 TV에서도 새로운 기록을 만들어가고 있다'고 밝혔다.

삼성전자와 노키아는 둘 다 기술지향적인 나라의 기업에 강한 브랜드, 업계 평균 이상의 영업이익을 갖고 있다는 공통점이 있는 반면 고급제품(삼성)-중저가제품(노키아), 디스플레이 및 반도체 투자(삼성)-운용시스템 투자(노키아) 등은 차이점이라고 잡지는 분석했다.

독일 경제주간지 〈비르트샤프츠보케〉는 '삼성전자는 값 비싼 고급제품 전략으로 성공을 거뒀고 일관된 마케팅 전략을 통해 브랜드를 알림으로써 신뢰받는 기업으로 거듭났다'고 평가했다.

삼성전자는 독일 브랜드협회가 주관하고 소비자 조사기관인 Gfk가 조사한 '2005년 베스트 브랜드'에서 '성장성이 가장 큰 브랜드(Strongest Growth Product Brand)'에 선정되기도 했다.

영국 경제주간지 〈이코노미스트〉는 '10년 전 싸구려 TV와 전자레인지를 만들던 삼성이 최첨단 제품과 브랜드 전략, 훌륭한 디자인으로 세계적인 회사가 됐다'며 '삼성은 필요한 부품과 서비스를 직접 조달하고 통합하는 방식으로 디지털 컨버전스 환경에 더 효과적으로 대응할 수 있을 것'이라고 내다봤다.

2 경쟁력의 원천은 내부경쟁

01 치열한 내부경쟁이 '명품' 만든다

삼성전자를 먹여살리는 5개 사업총괄 사장들은 비록 사업품목은 다르지만 서로 경쟁하고 협력하면서 전체적으로 경영의 플러스 요인을 창출해 나간다.

반도체총괄(황창규 사장), 정보통신총괄(이기태 사장), LCD총괄(이상완 사장), 디지털미디어총괄(최지성 사장), 생활가전총괄(이해봉 사장).

계열사 사장격인 이들 총괄사장은 휘하의 부장(副將)격인 GBM(글로벌 비즈니스 매니지먼트, 주로 부사장급)과 함께 사업의 모든 것을 책임진다. 물품 구매에서 생산 · 판매 · 유통 · 마케팅은 물론 사람을 뽑고 해외에 지사를 설치하는 것까지 전과정이 총괄과 GBM의 조화에 의해 이뤄진다.

물론 이기태 사장이 이상완 사장과 황창규 사장에게서 휴대폰용

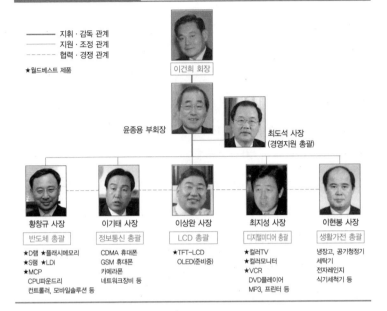

삼성전자 그룹 경영구조

──────── 지휘·감독 관계
──────── 지원·조정 관계
------------ 협력·경쟁 관계
★월드베스트 제품

이건희 회장

윤종용 부회장 · 최도석 사장 (경영지원 총괄)

황창규 사장
반도체 총괄
★D램 ★플래시메모리
★S램 ★LDI
★MCP
CPU파운드리
컨트롤러, 모바일솔루션 등

이기태 사장
정보통신 총괄
CDMA 휴대폰
GSM 휴대폰
카메라폰
네트워크장비 등

이상완 사장
LCD 총괄
★TFT-LCD
OLED(준비중)

최지성 사장
디지털미디어 총괄
★컬러TV
★컬러모니터
★VCR
DVD플레이어
MP3, 프린터 등

이현봉 사장
생활가전 총괄
냉장고, 공기청정기
세탁기
전자레인지
식기세척기 등

LCD와 반도체 칩을 구입할 때도 가격흥정을 벌이고 물량과 납기를 협의한다. 전표를 떼고 결제조건을 정하는 것까지 완전히 외부 업체와 거래하는 방식이다. 밖에서 보면 여느 그룹의 계열기업처럼 하나 하나 독립된 경영체인 것이다. 같은 회사 안에 있고 제품도 다르지만 서로 경쟁한다.

LCD담당 이상완 사장이 세계에서 가장 큰 57인치 LCD TV를 개발했다고 2004년 초에 발표하자 곧이어 정보통신총괄 이기태 사장이 300만 화소 디카폰을 만들었다고 공개했다. 이에 뒤질세라 반도체총괄 황창규 사장은 세계 최대 용량의 8기가비트 플래시 메모리를 세계 최초로 내놨다며 기자회견을 열었다. 경쟁하는 품목은 없지만 더 좋은 화질, 더 나은 품질, 더 빠른 기능을 두고 다투는 것이다.

매달 매분기 전개되는 이런 경쟁은 연말에 가서 '성적표'를 받음으로써 일단락된다. 누가 얼마의 영업이익을 내고 전체에 대한 순익 기여도는 얼마인가가 드러나는 것이다. 이 성적표는 연말 성과급(PI와 PS)으로 이어진다. 성과급은 A, B, C 세 등급에 의해 결정된다. A가 최고라면 C는 한 푼도 없다. PI(생산성 장려금)는 'A'가 3개인 '트리플A'를 받으면 본봉의 150%를 준다. 1월과 7월 두 번이니까 연 300%다. 적자를 내더라도 당초 제시한 경영목표만 달성하면 받는다.

PS는 연봉의 50%가 상한선인데 순익을 내야만 받는다. 연봉 6,000만 원 받는 부장이 PI 300%에다 연말에 PS 50%까지 받으면 총 9,600만 원을 수령한다. 전혀 없는 쪽과는 3,600만 원 차이가 난다.

이 차이는 상무, 부사장 등 위로 올라갈수록 더욱 커진다.

삼성전자가 6조 원 이상 순익을 낸 2003년, 'C'를 받은 생활가전총괄 휘하는 한 푼의 성과급도 받지 못했다. 같은 기업 소속이지만 일도양단하는 냉혹한 원리에 의해 상벌이 주어지고 있는 것이다.

'트리플A'는 그룹 구조조정본부가 계열사 평가에서 '삼성전자'에 'A'를 주고, 다음으로 전자의 윤종용 부회장이 휘하 총괄사장에게 'A'를, 이어 총괄사장이 자신이 거느리는 사업부장(주로 부사장급)에게 'A'를 주어야 가능하다.

이런 인센티브는 총괄사장 이하 예하부대를 실적에 몰두하게 하고 더 나은 목표를 향해 치닫게 한다. 총괄사장들은 PI · PS를 못받는 게 아까운 것보다 그런 상황에 처한 '패장의 굴욕'을 더 못견뎌한다. 따라서 연말에 총괄별 경영목표가 정해지면 이를 악문 레이스가 펼쳐진다.

'애니콜 신화'의 주역인 이기태 사장이 성능에 문제가 생긴 휴대폰 15만 대(당시 가격으로 500억 원)를 수거해 불질러버린 행동은 오늘날 세계시장에서 명품 휴대폰을 만든 바탕이 된 동시에 후일 치욕이 가져다줄 씨앗을 제거해버린 것이었다.

황창규 반도체총괄 사장은 연구원에게도 경쟁의 불쏘시개를 사용한다. 세계 반도체학회지에 실린 논문 건수와 우수 논문 게재 편수 등을 평가해 고과에 반영하고 금전적인 인센티브를 제공한다.

총괄사장들은 눈에 보이지 않는 경쟁을 벌이면서도 서로 협력하고 지원한다. LCD총괄은 황사장에게서 LCD를 구동하는 DDI칩을 구입해야 하고, 스마트폰을 만드는 이기태 사장은 이상완 사장과 황사장에게서 LCD와 반도체를 공급받아야 한다. 품귀 때는 아무래도 외부 업체보다 팔이 안으로 굽고, 신제품 개발 때는 설계단계부터 핵심부품 공동개발을 위해 머리를 맞댄다. 그렇다고 값을 깎아주거나 하는 혜택은 일절 없다.

삼성전자의 국제화 전략에는 '수신제가치국평천하'라는 게 있다. '견실한 재무 구조 위에 핵심기술과 앞선 디자인(수신제가)으로 세계시장에서 1등 하자'(치국평천하)는 것이다. 이런 사상적 토대

위에 치열한 담금질을 거쳐 밖으로 나간 삼성전자 제품은 '월드 베스트'가 8개나 된다.

02 삼성전자 미래는 1999년 부사장 동기 손에

삼성전자의 미래는 누가 이끌어갈까.

현 대표이사로 삼성전자호를 이끌고 있는 윤종용 부회장이 건재하기는 하지만 세인의 관심은 항상 후계자가 누가 될지에 쏠린다.

삼성전자의 경영시스템상 현재로서는 누가 '포스트 윤종용' 체제를 이끌게 될지 아무도 알 수 없다. 하지만 1999년 부사장 승진 동기들 중에서 나올 가능성이 높다는 것은 공통된 예상이다.

바로 삼성전자의 주력제품인 반도체, LCD, 휴대폰을 비롯해 각 부문을 이끄는 5명의 CEO를 뜻한다.

이른바 '5룡(龍)'은 반도체(황창규 사장), 정보통신(이기태 사장), LCD(이상완) 등 3개 캐쉬카우의 CEO는 물론 경영전반을 관장하는 최도석 경영총괄 사장, 미래기술을 책임지는 임형규 삼성종합기술원장 등 5명이다.

당시 인사는 IMF 당시 구조조정을 바탕으로 실적호전을 이뤄낸 직후의 대규모 승진인사였다. 제품과 분야별로 책임 대표이사제를 도입해 부문별 대표가 권한과 책임을 갖고 경영하는 체제를 만들었다. 이에 따라 황창규(반도체), 임형규(시스템LCI), 이상완(AM LCD), 이기태(정보통신), 최도석(경영지원) 등 5명이 부사장으로 승진하는 동시에 각 부문의 책임을 맡는 대표이사 직함을 달았다.

이중 임형규 사장이 미래기술 개발을 담당하는 삼성종합기술원장으로 보직이 바뀌었을 뿐 나머지 4명은 당시 맡은 분야를 지금까지 이끌고 있다. 이상완 사장이 이끄는 LCD부문은 2004년 초 반도체 산하에서 별도 총괄로 독립했다.

이들은 현재까지도 회사내부에서 서열조차 메기지 않을 정도로 동등한 위치로 격상했다. 2001년 동시에 사장 승진이 이뤄졌을 뿐 아니라 기여도에 따라 회사에서 받는 스톡옵션도 4만7,388주로 똑같다. 5룡의 강점과 회사에 세운 공, 외부의 평가 등도 우열을 가리기 힘들다.

황사장은 삼성이 심혈을 기울이고 있는 해외핵심 인재 1세대격이다. 미국 MIT대 박사를 받고 스탠퍼드대 연구원, 인텔 자문역 등으로 일하다 1989년 삼성으로 스카웃됐다.

256메가 D램 개발을 지휘한 이후 1기가 D램 개발, 300㎜ 웨이퍼 양산, 나노공정 도입 등 세계 최초의 기록들을 쏟아내고 있다. 2003년에는 〈비즈니스위크〉가 뽑은 아시아스타 25인에 선정됐다.

이기태 사장은 1973년 입사한 이래 음향품질, 비디오, 무선사업 등 개발과 생산 현장을 두루 거친 대표적인 현장형 CEO다. '애니콜' 신화의 장본인으로 황사장보다 1년 앞서 2002년 〈비즈니스위크〉의 아시아 스타 25인에 선정됐다.

이상완 사장도 1976년 입사 이후 줄곧 전자에서만 근무했다. 메모리본부 생산기획이사, 특수사업담당 상무 등을 거쳤고 AM LCD사업부장으로 옮긴 이후 삼성전자를 LCD 세계 1위 업체로 이끈 주역이다.

임사장은 삼성이 자체적으로 양성한 해외박사 1호다. 1976년 반도체 연구원으로 입사한 후 회사에서 유학을 보내줘 1984년 미국 플로리다대에서 전자공학 박사학위를 받았다. 시스템LSI사업을 맡아 비메모리사업 육성을 진두지휘했다.

최사장은 유일하게 관리부문에서 사장까지 올랐다. 1971년 입사해 5룡 중 가장 선배로 '삼성사관학교'로 불리는 제일모직 경리과장 출신이다. 1980년부터 삼성전자 안살림을 맡고 있어 각 사업부문의 사정을 꿰뚫고 있다. 2003년 〈파이낸스아시아〉의 '한국을 대표하는 CFO'로 선정됐다.

5룡은 부사장으로 승진한 이후 동일 선상에서 숨가쁘게 뛰어왔다. 하지만 윤종용 부회장을 이어 글로벌 기업 '삼성전자' 호를 이끌 차세대 선장의 자리는 하나 뿐이다.

언젠가는 이 자리를 놓고 경쟁이 불가피하다. 자신이 맡은 분야가 글로벌 무대에서 이뤄낸 성과를 바탕으로 평가받을 것이다. 분명한 점은 치열한 경쟁과 협력이 삼성전자를 초일류 글로벌 기업으로 이끄는 원동력이 되고 있다는 것이다.

3 월드베스트는 R&D부터

01 핵심 프로젝트는 '드림팀'이 맡는다

42개 연구소에 R&D(연구개발) 인력 2만4,000명, 연간 R&D 예산 4조7,900억 원.

삼성전자의 2004년 R&D 현황이다.

박사급 인력만 2,000명이 넘는다. 서울대 교수진(전임강사 이상 1,674명)보다 많다. 이 정도로 엄청난 자원을 투입하니 1년에 1,300개 이상의 미국 특허등록의 성과를 내는 것도 당연하다. 하루에 미국 특허가 3.6개씩 나오는 셈이다.

하지만 이것만으로 삼성전자의 R&D 역량의 근원을 평가하는 것은 지나친 속단이다. 삼성 특유의 조직문화와 철저한 시장주의는 R&D부문에서도 튼튼한 기반을 이룬다.

  1996년 이건희 회장이 "디자인과 같은 소프트한 창의력이 소중한 자산이자 21세기 최후 승부처"라고 강조한 이후 삼성은 '디자인 우선 경영'에 나섰다.

가전, 휴대폰 등을 개발할 때는 기초부터 디자인 개념이 들어간다. 이를 맡는 독립기구로 윤종용 부회장 직속의 '디자인경영센터'도 설립했다. 이 센터는 각 총괄별로 배치된 연구소에서 진행되는 R&D에 출발단계부터 참여한다. 각 연구소에서 제안이 올라오기도 하지만 디자인센터에서 '그림'을 먼저 그리면 이에 맞춰 기초기술 개발에 들어가는 경우도 흔하다.

디자인경영센터는 현재는 필요없어 보이지만 장래에 수요가 일어날 수 있다고 판단되는 이른바 '선행개발'도 진행한다.

2001년 미국시장의 20% 이상을 점했던 히트제품인 '플립업 휴대폰'은 1997년 이미 디자인을 만들어놨던 제품이다.

글로벌 무대에 판매되는 제품을 만들기 위해 미국 샌프란시스코와 LA, 영국 런던, 일본 도쿄, 중국 상하이, 이탈리아 밀라노 등 6곳에 해외 디자인 거점도 구축했다. 지역별로 현지인의 독특한 습성과 최신 트렌드를 감지해 현지화 제품을 개발하는 기초로 활용한다. 연구개발부터 철저한 'Made in Market' 전략이다.

신제품의 기본 컨셉이 정해지면 해당 총괄의 기초기술 연구소에서 기반기술에 대한 연구가 진행된다. 동시에 응용기술을 담당하는 파트와 양산기술을 담당하는 연구조직은 제품의 다양화, 생산효율 등에 대한 연구에 들어간다.

물론 각 연구개발은 반도체, 휴대폰, LCD 등 각 총괄 CEO의 책임아래 진행된다. 결과에 대한 보상도 마찬가지다. 하나의 신제품이 나오기까지 다양한 특성을 가진 연구조직이 유기적으로 움직이는 것이다. 연구조직간에도 치열한 경쟁은 불가피하다.

삼성전자가 내놓은 PDA인 넥시오는 진대제 당시 사장이 이끌던 디지털미디어총괄의 DM연구소에서 만들어냈다. 휴대폰 통신기기를 만드는 정보통신총괄의 연구조직이 한방 먹은 셈이다.

차세대 사업인 홈네트워크 관련 기술도 통신연구소와 디지털미

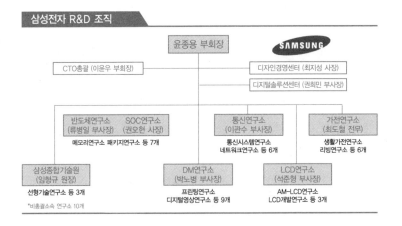

삼성전자 R&D 조직

디어(DM)연구소에서 동시에 연구가 이뤄진다. 이처럼 경쟁이 펼쳐지다보면 중복투자와 자원 낭비의 가능성을 배제할 수 없다.

이를 방지하기 위해 삼성전자는 2004년 CTO총괄을 신설했다. 신설 초기 임형규 사장이 책임을 맡았다가 2005년부터는 이윤우 부회장이 이끌고 있다. 그만큼 비중이 높아진 것이다.

삼성전자가 세계최초로 개발한 21인치 OLED는 삼성전자 R&D의 세계적인 경쟁력을 재학인했다.

CTO총괄은 중장기적인 기초연구와 로드맵, 특허 표준을 담당하고 이와 함께 각 총괄별 R&D 기능을 통합 조정한다.

R&D프로젝트팀이 구성될 때 CTO총괄은 각 사업총괄 산하의 연구조직에서 필요한 인력을 차출, 최강의 드림팀을 구성한다. 삼성전자 R&D의 구조본인 셈이다.

1등끼리 만드는 시너지

삼성은 R&D에서도 시너지의 최대한 창출하는 데 주력한다. 반도체, LCD, 휴대폰 등 1등 제품을 이뤄내면서 축적된 기술들을 조화시키는 것이다.

일례로 삼성이 자랑하는 300메가 대용량 카메라폰을 개발하는 데는 통신분야 개발자 외에 메모리스틱(반도체), LCD 등 다른 분

야 전문가가 참여한다. 배터리(SDI), 카메라모듈(테크윈, 전기) 등
계열사에서도 요원이 차출된다.

회사 관계자는 "휴대폰 하나를 개발해도 각 분야 세계 최강의
연구인력을 꾸밀 수가 있다"며 "노키아나 모토로라는 상상하기
힘든 일"이라고 설명했다.

1990년대 후반 삼성전자는 소니의 위세에 눌린 캠코더 사업을
접어야 할지 큰 고민에 빠진 적이 있다. 담당 임원들이 모두 철
수를 주장할 때 윤종용 부회장은 "캠코더야말로 정밀기계기술,
경량화및 소형화 기술, 광학기술 등 전자기술의 총합체"라며 사
업을 하지는 않더라도 R&D는 계속할 것을 지시했다.

효과는 3, 4년이 지난후 휴대폰사업에서 발휘됐다. 회사 관계자는
"디카폰, TV폰, 워치폰 등 신개념 휴대폰이 개발되는 데는 캠코더
R&D에서 축적된 기술자원이 크게 영향을 미쳤다"고 설명했다.

삼성전자의 월드베스트 제품

제품명	시장점유율	M/S 출처	1등시점
D램	31.0%	DQ ('04년 말)	1992년
S램	28.0%	DQ ('04년 말)	1995년
TFT-LCD	22.1%	DisplaySearch ('04년 말)	1998년
컬러모니터	21.0%	내부집계 ('03년 말)	2004년
CDMA휴대폰	20.6%	DQ ('04년 말)	2004년
컬러TV	9.9%	내부집계 ('04년 말)	2002년
플래시메모리	27.0%	내부집계 ('04년 말)	2003년
LDI	19.0%	DQ ('04년 말)	2002년
MCP	29.0%	내부집계 ('04년 말)	2004년

*DQ = 데이타퀘스트

아무리 조직과 기술력이 뛰어나도 R&D분야 특유의 유연성이 없다면 강점을 발휘하기 어렵다. 삼성전자 내에서는 매 분기마다 윤부회장이 주재하고 각 CEO와 연구원들이 참여하는 기술위원회가 열린다. 이 자리는 윤부회장 등 경영진들이 20~30대의 새파란 엔지니어들한테 한수 배우는 시간이다.

표면을 올록볼록하게 처리해 미주지역에서 큰 히트를 쳤고 디자인상도 여러개 탔던 삼성의 휴대용 DVD플레이어는 '지나친 모험'이라던 경영진을 굴복시킨 30대 초반의 디자이너 작품이다.

LCD 담당 연구원들 사이에는 1990년대 후반 '딱풀사건'이 교훈처럼 전해져 내려온다. LCD산업의 불황을 극복하기 위해 공정과 부품을 대폭 줄여 원가를 절감하는 '몽블랑 프로젝트'가 진행됐다. 공정을 줄이려면 대형 LCD를 깨뜨리지 않고 옮기는 방법을 찾는 게 관건인데 이 부문에서만 몇 개월이 소요됐다.

이를 지켜보던 연구소의 문서관리 담당 여직원이 자신의 터득한 노하우를 바탕으로 "표면에 풀을 살짝 바르면 단단해진다"는 아이디어를 낸 것.

쟁쟁한 박사급 연구원들이 월급 100만 원짜리 촉탁 여사원의 조언에 귀를 기울일 수 있는 유연성을 갖춘 덕분에 수백억 원을 절감할 수 있었다.

02 특허경영으로 이익 지킨다

 지금 글로벌 무대는 특허전쟁시대이다.

기업들은 특허를 얼마나 확보하고 있느냐에 따라 미래 경쟁력이 판가름날 정도다. R&D의 목표도 단순히 신제품이나 새로운 기술을 확보하는 데 그치지 않고 그 결과물을 아무도 활용하지 못하도록 특허로 확보해야 완성될 수 있다. 이러한 특허전쟁 시대를 맞아 삼성전자도 '특허경영'을 선언했다.

윤종용 부회장은 2005년 초 개최한 신년 경영회의에서 "미래에 먹고 살 수 있는 길은 오직 기술개발뿐"이라며 새로운 경영화두로 '특허 경영'을 제시했다. 특히 2005년부터 2년간 2000여 건의 특허를 등록해 미국 등록기준으로 5위에 진입하고 2007년에는 글로벌 톱3에 오른다는 목표를 수립했다.

이를 위해 총괄별 기술경영을 진두지휘하는 기술총괄을 이윤우 부회장이 직접 관장하고 국내외의 42개 연구소들을 통해 24시간 잠들지 않는 연구체제를 구축한다. 또 250여 명인 특허전담인력을 2010년까지 450명으로 늘리고 이들 인력을 변리사, 미국특허 변호사로 양성할 방침이다.

윤부회장은 "지난 3년간 연구개발에 10조 원을 투자하고 연구개발 인력도 전체 임직원의 38.7%인 2만4,000명으로 R&D 중심의 경영체제를 강화했다"며 "선진국, 일류기업 등이 기술을 무기로 경제 전쟁에 뛰어들고 있어 특허 확대 등 기술 중시 경영은 생존의 문제"라고 강조했다.

미국 특허등록 순위에서 삼성전자는 2002년 11위에 불과했으나 2003년 9위에 이어 2004년에는 6위까지 올라서 이 같은 특허경영의 기틀을 마련했다.

2004년 특허등록 규모는 총 1,604건으로 전년보다 291건 늘어났다. 이중 60% 이상이 미래 관련 기술이며 반도체, 디지털미디어, 정보통신, LCD 등 각 사업 부문별로 고르게 분포됐다.

2004년 특허등록 10위 내에는 일본 기업이 5개, 미국 기업이 4개 올랐고 한국 기업으로는 삼성전자가 유일하게 포함됐다. 이 같은 성과만으로도 대단한 것이지만 삼성전자는 여기서 주춤했다가는 미래의 전쟁터에서 살아남을 수 없다고 판단한 것이다.

미국 특허청 특허등록 순위

순위	2003	2004	2005
1	IBM(3,288)	IBM(3,415)	IBM(3,248)
2	캐논(1,893)	캐논(1,992)	마쓰시타(1,934)
3	마이크론(1,833)	히타치(1,893)	캐논(1,805)
4	NEC(1,821)	마쓰시타(1,786)	HP(1,775)
5	히타치(1,602)	HP(1,759)	마이크론(1,760)
6	마쓰시타(1,544)	마이크론(1,707)	**삼성전자(1,604)**
7	소니(1,434)	인텔(1,592)	인텔(1,601)
8	GE(1,416)	필립스(1,353)	히타치(1,514)
9	HP(1,385)	**삼성전자(1,313)**	도시바(1,310)
10	미쓰비시(1,384)	소니(1,311)	소니(1,305)
11	**삼성전자(1,329)**		

03 "차차세대 사업을 찾아라"

2005년 초 강원도에 있는 보광휘닉스 리조트.

스키 애호가인 이건희 회장의 제안으로 삼성전자 사장단들이 스키복을 입고 모였다.

이 중에는 스키를 처음 타보는 사장도 있었다. 전문 스키강사에게 교육을 받으며 즐거운 시간을 보냈지만 이회장이 삼성전자 수뇌부를 한데 모은 것은 단순히 스포츠나 즐기라는 취지는 아니었다.

그날 저녁 비공개 회의에서 이 회장은 '차차세대 사업'이라는 아젠다를 꺼냈다. 그동안 누차 '10년 후를 책임질 사업과 제품'을 강조했지만 어느 것 하나 손에 잡히는 성과가 없는 형편이었다.

이회장은 이를 '차차세대 사업'으로 집약하고 사장단들이 모두 모인 앞에서 다시한번 강조한 것이다. 이는 "누가 삼성전자의

삼성전자 차세대 · 차차세대 제품

구분	차세대	차차세대(예상)
반도체	P램, M램, F램	DNA칩, 단백질칩, 카본나노튜브칩
디스플레이	3D디스플레이(중소형). 플라스틱디스플레이, OLED, SED, FED, 카본나노튜브	3D디스플레이(대형), 플렉시블 디스플레이, 웨어러블 디스플레이, 광학 디스플레이
디지털가전	가정용 로봇, OLED TV, 초대형 TV	지능형 로봇, 휴머노이드, 레이저TV, e헬스
통신 · 네트워크	3.5세대(휴대인터넷), 디지털홈	4세대 통신(IP 기반), 유비쿼터스 네트워크

미래 먹거리를 찾아내는지 두고 보겠다"는 내부경쟁의 신호탄과
도 다름없었다.

삼성전자의 미래 사업이라면 국내는 물론 글로벌 무대에서도 전
자산업의 새로운 미래를 창조할 것이 분명하다.

삼성전자는 R&D(연구개발) 수준에서 개발된 제품이라도 '차세
대'로 분류한다. 지금 당장 돈을 벌 수는 없지만 5년 정도 이내
에 제품화에 성공해 이익을 남길 수 있는 신제품을 의미한다. 반
도체의 P램, M램, F램, 디스플레이의 플라스틱디스플레이, 카본
나노튜브, 디지털가전의 가정용 로봇, OLED(유기발광다이오드)
TV 등이 여기에 속한다.

'차차세대'라면 세계 어느 곳에서도 제품화에 성공하지 못한 미
지의 세계이다. 때문에 차차세대 제품은 중장기 R&D과제를 수
행하는 삼성종합기술원에서 추진중인 기반기술을 토대로 발전
할 가능성이 높다.

이중 가장 뚜렷히 부각되는 분야는 바이오칩 분야이다.

바이오칩이란 작은 기판 위에 DNA, 단백질 등 생물분자를 결합
해 유전자 발현 양상, 유전자 결함, 단백질 분포 등을 분석하거
나 생물학적 반응과 분리 등을 수행하는 초미세칩을 뜻한다. 삼
성전자는 이중 DNA칩, 단백질칩 등을 차차세대 반도체로 설정
하고 기술개발을 진행하고 있다.

나노(Nano. 10억분의 1m) 기술을 통한 신개념 반도체 개발도 진
행 중이다. 'MEMS(회로및 미소기계 구조물 가공기술)'를 토대로 실
리콘을 대체하는 신물질은 카본나노튜브 반도체의 개발이 추진

되고 있다.

디스플레이 부문에서는 신소재와 광학기술을 기반으로 차차세대 제품 개발이 진행되고 있다. 디스플레이는 현재의 유리를 대체하는 새로운 소재개발이 필수다. 최근에 플라스틱을 이용한 디스플레이 개발에 성공했으며 추후 종이처럼 자유자재로 접어지는 '플렉서블(Flexible) 디스플레이'도 개발하겠다는 방침이다. 이 제품이 더 진화되면 옷감처럼 만들어진 '입는(Wearable) 디스플레이'까지 발전할 수 있다.

삼성전자는 또 인간의 오감(五感)을 활용한 '생체신호처리기술'의 개발도 적극 추진하고 있다. 전자제품이나 기계에 듣고, 맛보고, 느끼는 인간 감각을 부여하겠다는 의도로 이것이 완성되면 '인간형 로봇(Humanoid)'의 완성에 근접하게 된다. 최근 신개발품으로 속속 발표되고 있는 가정용 로봇 정도는 차세대 제품에 불과한 것이다.

컴퓨터, 디지털TV 등 전자제품에도 음성, 영상, 감성 등을 이해하는 기능이 추가될 수 있다.

광학기술도 차차세대를 겨냥한 핵심 기반기술이다. 광학기술은 LD나 LED 등의 새로운 광원이나 테라비트(Tera bit)급 이상의 초고속 광통신 부품, 디스플레이 등이 대표적인 분야이다.

디스플레이 패널이 아예 필요없는 신개념의 TV인 '레이저TV'도 이를 기반으로 등장할 전망이다.

정보통신 부문에서는 4세대 이동통신이 대표적인 차차세대 기술이다. 통신-방송 융합기술의 대표격인 휴대인터넷은 3.5세대로 차세대 정도로 분류된다. 4세대 이동통신은 이동중에 100Mbps(초당 전송속도), 정지중 1Gbps급의 속도를 제공하는 무선통신기술이다.

단말기도 펜 모양과 안경, 팔찌 등 몸에 부착할 수 있는 형태가 등장할 수 있다.

차차세대로 거론되는 제품 중에는 개념적으로 윤곽이 잡힌 것도 있지만 현재는 상상조차 할 수 없는 새로운 제품이 등장할 가능성도 배제할 수 없다.

4 황금의 삼각편대 의사결정 구조

01 이건희 회장도 견제하는 구조본

한국에서는 물론 전세계를 통틀어 삼성전자만큼 잘 나가는 회사는 많지 않다. 전자뿐만 아니다. '삼성'이라는 이름을 단 모든 계열사가 실적이 좋고 성장률이 높다. SDI, 화학, 전기, 코닝, 생명, 화재…. 어느 곳 하나 부실한 데가 없다.

이 많은 계열사를 어떻게 모두 '사자 새끼'로 키워냈을까. 거기에는 동일한 잣대로 '우량기업'을 찍어내는 빵틀 같은 툴(Tool)이 있다. 삼성 스스로 '황금편대'라고 부르는 트라이앵글 의사결정구조다. 이건희 그룹 회장과 그룹 구조조정본부 그리고 계열사가 의사결정의 3각 축을 이루고 회사의 사활이 걸린 중요 사안에 대해 균형과 견제로 운영한다.

1998년이 저물어갈 무렵, 삼성전자 반도체 총괄 황창규 사장은 매주 월요일마다 삼성본관에서 열리는 경영위원회에서 몇 주째

"낸드플래시 투자에 나서야 한다"는 주장을 펴고 있었다.

당시 세계 플래시메모리 시장은 인텔의 '노어'가 주도하고 있었고 오늘날 삼성을 세계적인 기업으로 만든 '낸드'는 아직 세상에 태어나지 않았다. 따라서 전자 수뇌부는 선뜻 허가하기가 어려운 상황이었다. 구조본도 시장향방을 모르기는 마찬가지였다. 이 문제는 결국 구조본에서도 결론을 내지 못하고 이건희 회장 앞으로 끌려나왔다.

그러던 차에 일본 도시바가 삼성에 플래시메모리 합작사업안을 제시했다. 마음 속으로 독자개발 방안을 찾고 있던 이건희 회장은 황사장을 불렀고 그에게서 "독자 사업이 가능하다"는 말을 들었다. 이후 도시바의 제안은 당연히 거절됐다.

이렇게 해서 황금방석을 예약한 삼성의 낸드플래시는 아슬아슬하게 세상의 빛을 보게 됐다.

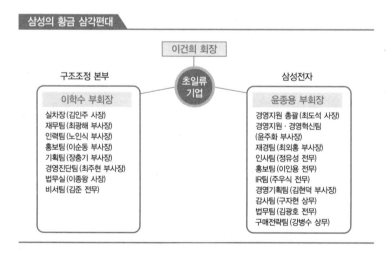

삼성의 황금 삼각편대

2002년에는 마침내 1기가비트를 개발했고 '매년 반도체 집적도가 2배로 성장한다'는 '황의 법칙(Hwang's Law)'까지 만들어냈다.

삼성전자는 주요 의사결정 사안에 대해 이처럼 3단계 과정을 거친다. 그러나 수직·상하관계의 결재라인은 아니다. 서로 견제해 균형을 취하는 관계다.

삼성이 자동차 사업을 접을 때도 이 룰이 적용됐다.

이학수 구조본 부회장은 당시 '자동차 사업 정리방안'을 들고 이회장을 찾았다. 사재 2조여 원을 내놓고 사업은 접는다는 것이 골자였다.

몇 개월을 고민한 끝에 안을 짠 이부회장은 28층 회장실에 올라가 긴장한 채 이런 취지의 보고를 끝냈다. 이것저것 물어본 이회장은 "그렇게 하시오"로 결재했다. 보고부터 답을 듣는 데까지 걸린 시간은 10분이었다고 이부회장은 회고했다.

이 '사건'은 구조본이 '하늘 같은' 이회장을 견제한 사례다.

이회장은 자동차사업에 강력하게 드라이브를 건 것으로 세상에 알려져 있다. 그러나 이회장도 신이 아닌 이상 실수를 할 수 있고, 실수에 대해 이회장 스스로 잘못된 결정을 수정한 것이다.

"비록 그룹 총수라고 해도 앞으로는 이런 치명적인 결정을 내리기 어려울 것"이라고 삼성 관계자는 말했다.

삼각편대의 다중 체크 시스템이 촘촘하게 맞물려 있기 때문이다.

삼성이 이런 의사결정 구조를 가지게 된 것은 그리 오래되지 않았다. 흥청망청하던 1995년 '졸부' 시대와 1997년 외환위기를 거치면서 혹독한 시행착오를 겪은 다음의 일이다.

삼성전자는 지난 1995년 2조5,000억 원의 순익을 낸 적이 있다. 이는 창업 이래 당시까지 26년 동안 벌어들인 순익 합계 1조 7,354억 원보다 많은 것이었다. 그러자 골프에서 말하는 '버디 값'을 하기 시작했다. 한꺼번에 주체하지 못할 정도의 돈이 들어오자 비용지출이 무절제해졌다. 술집도 비싼 데만 골라가고 면밀한 계획없이 과잉투자가 이뤄졌다. 해외진출도 방만해졌다. 급기야 외환위기를 맞았고 1997년 순익은 급전직하해 1,200억 원에 그쳤다.

1997년 총괄대표 사장으로 부임한 윤종용 부회장은 당시 상황을 나중에 이렇게 소개했다.

"부임해보니 술(사상 최대 순익)이 덜 깬 상태에서 갈팡질팡하고 있었다. 재고 파악도 안 돼 있고 부실자산도 엄청났다. 샴페인을 너무 빨리 터뜨린 것이다."

윤부회장은 부임 후 전체 인력 8만3,000명 중 28%인 2만,3000 명을 잘랐다. 동시에 연 1조5,000억 원씩 몇 년 동안 비용을 삭감해 나갔다. 120여 개에 달하는 사업을 철수하고 분사 등을 통해 한계사업과 비주력사업을 정리했다.

여기저기서 아우성이 터졌다. 해고당한 직원이 삼성본관을 승용차로 돌진한 일도 있었다. 이렇게 해서 2년 만에 전체 재고와 채권 중 40%에 해당하는 3조5,000억 원을 감축했다.

이런 과정은 그러나 윤부회장 단독으로 행한 것이 아니다. 윤부회장과 최도석 경영총괄사장이 구조본에 계획안을 보고하고, 구조본은 윤부회장 개혁안의 잘잘못을 수정한 뒤 이회장에게 보고해서 나온 결론이다.

삼각의 여과 과정을 거치는 동안 계획안은 순화되고 물렁한 계획은 강화되는 것이다.

02 도요타에서 배운다

과거 미국 제너럴일렉트릭(GE)의 '6시그마' 연구에 몰두해온 삼성은 2004년 승진한 상무 이상 임원 500여 명 전원을 상·하반기로 나눠 도요타에 보내 생산방식을 배우게 했다.

TPS(도요타 프로덕션 시스템)로 불리는 이 프로그램을 다녀온 임원과 일부 간부는 보고서를 쓰고 자신이 맡은 분야에 어떻게 적용할 것인가 고민하게 된다.

2001년부터 TPS를 시행해온 삼성전자가 지금까지 보낸 임직원만도 1,000여 명에 달한다.

한국 제조업의 최강자인 삼성이 일본 제조업의 최강자를 배우고 있는 데 대해 야마쿠치 니혼게이자이신문 서울특파원은 "역시 세계일류 기업다운 행동"이라고 말했다.

주한 일본대사관 어느 외무관도 "삼성은 세계 제조업에서 최고의 지위에 있는 데도 배움에 '탐욕'을 보이고 있다"며 대단한 조직이라고 평가했다.

삼성 구조본은 도요타 연수에 이재용 상무도 보냈다. 이에 앞서 지난 2002년에도 이 상무를 'GE스쿨'에 3개월가량 연수시켰다. 이것은 실력있는 후계자를 만들기 위한 작업의 일환이라고 할 수 있다.

삼성은 GE의 6시그마로 다져진 체질에 도요타의 라인혁신을 접목시켜 한층 업그레이드된 '삼성류 제조방식'을 만든다는 것을 목표로 하고 있다.

이 프로그램에 참가한 장일형 홍보담당 전무는 "도요타의 라인혁신은 공장뿐 아니라 본사 업무에도 많은 참고가 됐다"며 "'간판방식'으로 생산라인의 표준 모델을 제시한 도요타의 현 생산방식은 지구상에서 가장 우수한 것으로 평가받고 있다"고 말했다.

5 마케팅 핵심은 先見-先手-先制-先占

01 '4先전략'의 막강한 힘

가전시장이 아날로그와 디지털의 경계에서 혼란을 겪던 2000
년. 전자업체들은 당연히 다가올 디지털 시대에 대비해 각종 신
제품 개발에 열을 올리고 있었다.

이때 삼성전자는 'DVD콤보'라는 이색적인 신제품을 내놨다.
아날로그 제품인 VCR와 디지털 제품인 DVD플레이어를 하나로
합친 이른바 '복합 가전'이다. 기술적으로는 별로 어려울 게 없
고 대규모 투자도 필요없이 시장의 흐름에 따라 내놓은 아이디
어 상품이다.

경쟁업체들도 비슷한 생각은 했지만 "이것저것 합친 복합 가전
제품이 성공한 사례가 없다"며 거들떠보지도 않았다. 내부에서
조차 "복합 제품은 고장이 잘 나 괜스레 기술력에 흠집만 남는
다"는 반대론이 만만치 않았다.

하지만 삼성전자는 면밀한 시장조사를 거쳐 출시를 밀어붙였다. 결과는 대박이었다. 제품을 내놓은 이듬해 3,000억 원의 매출을 올렸다. 덕분에 삼성전자는 창사 이래 처음으로 미국시장에서 단일제품으로 두 자릿수의 시장점유율을 기록했다.

시장을 먼저 만든다

급변하는 디지털 시대에 적응하지 못하는 소비자의 심리를 간파하지 못한 경쟁사들은 땅을 치며 아류제품을 내놓고 뒤를 좇아야 했다.

같은 시기에 삼성전자는 TV에서도 유사한 전략을 구사했다. 세계 가전업체들은 PDP TV나 LCD TV 등 차세대 디스플레이를 장착한 디지털TV 개발에 적극 나섰지만 삼성전자는 브라운관의 개량형인 프로젝션TV를 들고 미국시장을 공략했다. 커다란 거실에 어울리는 대형 화면을 갖추고 싶어도 엄청난 가격 때문에 차세대

삼성전자 세계 최초 개발 제품

	1992년	1994	1996	1998	1999	2000	2001	2002	2003	2004
휴대폰					MP3폰	듀얼폴더폰 카메라폰	9.8mm 초슬림폰	동영상폰	동화상 통화폰	300만화소 디카폰
디지털 미디어							DVD콤보		80인치 PDPTV	
LCD 패널									57인치 LCD패널	
메모리	64M D램	256M D램	1G D램	126M D램			1G 낸드플래시 512M D램	2G 낸드플래시	4G 낸드플래시	8G 낸드플래시 2G D램

디지털TV 구매를 망설이던 미국 소비자들의 심리를 꿰뚫었다.

이 제품은 지금 세계 최고의 TV회사인 소니의 제품보다 비싼 가격에 팔리고 있다 .

삼성전자 마케팅담당 직원들에게는 오랫동안 내려오는 '4선(先)' 원칙이 있다.

'선견(先見)-선수(先手)-선제(先制)-선점(先占)'.

시장변화를 먼저 보고, 한발 먼저 움직여, 경쟁사를 제압하고, 시장을 먼저 차지하라는 것이다. DVD콤보나 프로젝션TV의 성공은 '선견'에서 앞서간 결과다.

외국계 가전업체의 한 임원은 "삼성전자의 숨겨진 장점 중 하나가 남들이 보지 못하는 시장을 끄집어내는 능력"이라고 평가할 정도다.

후발자에겐 '값 후려치기' 공세

일단 1등에 올라서면 삼성전자는 후발업체의 추격을 사전에 봉쇄하는 무자비한 마케팅 전략을 구사한다. 이른바 '선제공격'이다. 투자, 기술, 감가상각비, 수율, 공정 등 모든 부문에서 선발과 후발업체 간 격차가 불가피한 반도체 분야가 대표적이다. 선발업체는 규모의 경제까지 실현하며 원가경쟁력을 갖추지만, 후발업체는 엄청난 감가상각비를 부담해야 하고 수율이나 공정 면에서도 불리하다. 회로선폭을 예로 들면 삼성은 60나노 공정의 플래시메모리 개발에 성공했지만 경쟁사들은 기껏해야 90나노

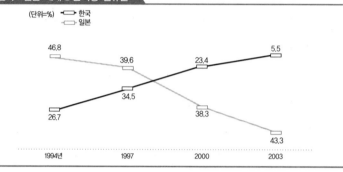

한국 · 일본 세계 D램시장 점유율

(단위=%) ☐ 한국
          ☐ 일본

46.8   39.6   23.4   5.5

        34.5

26.7   38.3

                43.3

1994년   1997   2000   2003

수준에 와 있다.

원가경쟁력에서 1년 내지 1년반의 경쟁력 격차가 나는 것으로 평가된다.

삼성전자는 이러한 시장구도를 제대로 이용하는 대표적인 기업으로 통한다.

2004년 삼성전자는 세계 1위의 위치에 있는 낸드플래시 시장에서 연간 40% 이상 가격을 내렸다. 낸드플래시 시장의 부상에 대비해 뒤늦게 대규모 투자를 했던 후발업체가 삼성의 가격 수준을 따라오려면 '밑지는' 장사를 할 수밖에 없다.

정창원 대우증권 애널리스트는 "반도체 부문에서 삼성전자는 후발업체에 비해 30~40%의 원가 우위에 있다"며 "이 같은 경쟁력이 가격장벽을 구축해 후발업체를 견제하는 등 다양한 마케팅 전략을 구사할 수 있는 최대 무기"라고 설명했다.

02 고객까지 참여하는 상품기획회의

　삼성전자의 상품 기획력이 몇몇 선각자의 직감에만 의존하는 것은 아니다.

수원에 있는 디지털미디어(DM) 총괄에서는 두 달에 한 번씩 '프로덕트 디스커션(Product Discussion)'이란 중요한 회의가 열린다. 신규 제품의 마스터 플랜을 짜기 위한 난상토론으로 다른 기업에도 흔히 있는 회의다.

삼성전자가 다른 점은 매번 미국 베스트바이, 서킷시티, 시어스 등 대형 유통 업체의 바이어들이 반드시 참석한다는 점이다.

양대오 DM총괄 상품기획 그룹장은 "제품의 기획단계부터 구매자 중심으로 개발하는 게 기본 원칙"이라며 "시장의 움직임을 가장 밀접하게 파악하고 있는 빅 바이어를 만족시키는 신제품만이 제품 라인업에 포함될 수 있다"고 설명했다.

남들이 발견하지 못하는 시장을 뽑아내는 노력으로는 'AV클러스터' 마케팅 회의도 있다. "각종 디지털 가전제품은 개별 상품보다 패키지로 개발, 판매해야 시너지 효과를 높일 수 있다"는 최지성 사장의 판단에 따라 정례화된 회의다. TV, 오디오, DVD, 캠코더 등 각종 가전제품의 상품기획과 개발담당자들이 서로의 아이디어를 공유하고 공동 마케팅을 위한 묘안을 짜내는 시간이다. 이렇게 해서 신제품의 밑그림이 그려지면 본격적인 제품화 과정으로 들어간다.

이제부터는 남들보다 하루라도 빨리, 시장이 원하는 제품을 내
놓는 '선수' 단계다.

제품 개발에는 연구소 출신의 엔지니어, MBA, 디자인 전문가,
시장조사 전문가 , 통계처리 전문가 등 각 분야 전문가가 참여
한다.

글로벌 시장을 겨냥한 디자인의 현지화, 휴대폰에서 강점을 보
이는 세계에서 가장 빠른 제품개발 주기, 브랜드 가치를 높이기
위한 다각도의 마케팅 등이 대표적인 활동이다.

6 '집중포화식' 투자로
경쟁사 제압

01 돈 되는 사업에는 투자 올인

"샤프, 히타치, 도시바 같은 거대 회사가 이미 LCD(액정표시
장치)에 막대한 투자를 하고 있는데 지금 들어가는 건 너무 늦겠
죠?"(이윤우 당시 삼성전자 부사장)

"아니요. LCD는 이제부터입니다. 노트북PC 시장이 새로 출현하
고 있고 브라운관TV도 대체할 것입니다. 일본만으로는 그 엄청
난 수요를 감당할 수 없습니다."(〈닛케이 마이크로 디바이스〉 발행
인 하야시 히로히사 사장)

1992년 말 도쿄 시내 한 음식점에서 이윤우 당시 삼성전자 메모
리사업 본부장은 일본 반도체 전문지 발행인을 만나 LCD사업
참여 가능성을 떠보고 있었다.

신규 사업의 씨앗을 찾아 일본으로 떠났던 이부사장은 그 방면의
일본 내 경영자와 기술자를 두루 만나고 마지막으로 업계 전문가

의 시각을 살피기 위해 그
와 마주 앉았던 것이다.

삼성은 그해 D램 시장에서
세계 1위에 올랐던 만큼 또
다른 도전이 필요했다.

당시 일본에선 샤프를 비
롯한 몇몇 회사가 10.4인
치 컬러 LCD를 개발해

삼성전자가 공격적인 투자로 세계 1위를
확보한 LCD 생산라인 내부

CRT모니터를 조금씩 대체해가는 분위기였다.

"이미 대량 생산으로 성숙 단계에 이른 일본 회사를 이제부터
시작하는 우리가 과연 따라잡을 수 있을까." 이런 생각을 하며
이부사장은 귀국했다. 그후 삼성은 이 사업에 참여하기로 결단
을 내렸다.

우여곡절을 거쳐 3년 뒤인 1995년에는 기흥 1공장에서 370mm×
470mm 크기 LCD를 첫 생산했다. 그러나 LCD사업은 초정밀사업
답게 까탈을 부렸다. 초기 불량률이 50%에 육박했던 것이다. 반
도체와 비슷한 공정이라 생각하고 섣불리 덤빈 경향도 없지 않
았다.

설상가상으로 도시바, 샤프 등 일본 업체들이 후발 주자인 삼성
을 견제하기 위해 값을 후려쳤다. 1,000달러짜리 10.4인치 LCD
패널 가격은 급기야 반토막이 나고 말았다.

이런 상황을 예측 못한 것은 아니었지만 삼성 수뇌진은 바짝 긴
장했다.

라인 1개당 조단위 자금이 들어가는 사업이 실패로 끝나면 회사 전체가 위험에 빠질 수도 있는 상황이었다.

곧 이건희 회장이 주재하는 전체회의가 열렸다. 이회장이 LCD 사업을 강력히 추진하고 있다는 사실을 알면서도 "이 사업을 접어야 한다"는 반대 의견이 나왔다.

"반도체에서 어렵게 번 돈을 왜 다 까먹으려 하느냐"고 읍소하는 이도 있는 상황이었다.

그러나 LCD 사업의 미래를 확신한 이회장은 오히려 이 사업을 '10년 뒤 먹고 살 주종사업'에 편입시켜 버렸다. 결국 이회장이 초기 부진을 이겨내도록 등을 두드려준 것이다.

오늘날 삼성전자를 세계적인 기업으로 만든 배경에는 이때 일본에 당한 후려치기 가격 전략의 학습 효과가 큰몫을 하고 있다.

삼성은 이 전략을 D램, LCD 등의 대형투자에 적용해 경쟁사를 압박하고 있다. 수조 원의 자금을 집중 투입해 남보다 한발 앞서 신제품을 내놓고 선행투자의 이익을 챙긴 뒤 경쟁사가 따라오면 가격을 떨어뜨려 상대방이 가져갈 이익을 최소화하는 것이다. 이렇게 경쟁사의 수익원을 차단해 투자 여력을 주지 않음으로써 삼성을 앞지르지 못하도록 하는 효과를 노린 것이다.

지난 1992년 64메가 D램 출시를 기점으로 세계 D램시장에서 일본을 제치고 1위가 된 삼성전자는 이후 256메가(96년), 512메가(2001년), 2기가(2004년) 등 6세대 연속 세계 최초 개발 기록을 세우면서 반도체 사업에서 상대가 치고 나오지 못하도록 눌러 버렸다.

특히 기존 DDR D램보다 처리 속도가 월등히 빠른 DDR2 D램은 삼성이 최초로 개발한 이래 시장 장악력 50%를 갖고 많은 이익을 챙기면서 후발 업체가 들어오면 가격을 떨어뜨리는 패턴을 보이고 있다.

삼성이 맨처음 세상에 내놓은 낸드플래시도 현재 시장 65%를 장악하면서 선발 이익을 얻고 있다. 하이닉스, 인피니언, 마이크론 등 쟁쟁한 경쟁업체들도 잇따라 신제품을 내놓으며 뒤따랐지만 그들이 누리는 수익이 지금보다 훨씬 줄어들 것이라는 것은 쉽게 예측할 수 있다. 삼성의 이 같은 시장 주도권은 과감한 투자에서 나온다.

선도주자만이 누리는 '꿀물'을 빼앗기지 않기 위해 삼성전자는 외환위기 직후 대부분 기업이 망연자실해 있던 1999년에도 연구개발과 시설투자에 4조8,000억 원이라는 거액을 털어 넣었다. 1999년부터 2004년까지 5년 동안 시설투자(23조7,400억 원)와 연구개발(12조3,000억 원)에 쏟아부은 돈만도 36조 원에 달한다.

5년 동안 올린 순익 합계 25조2,000억 원보다 더 많은 돈을 투입하는 '올인' 전략으로 일본 · 유럽 · 미국 경쟁사의 기선을 제압해버린 것이다.

도시바, NEC, 미쓰비시, 후지쓰 등 한때 6~7개에 달하던 일본 D램 업체는 2000년 이후 문을 닫거나 통폐합해 지금은 변변한 업체로는 NEC와 히타치가 합병한 엘피다 정도만 남았다. 남아 있는 경쟁사도 온전하지 못했다. 세계 4대 D램 업체인 미국 마이크론과 독일 인피니언, 하이닉스 등은 삼성이 막대한 이익을 거두는 사이 적자에 허덕이기도 했다.

전장(시장)에서 싸우지 않고도 적을 패퇴시키는 병법이 여기서도
통했던 것이다.

02 자신없는 분야는 세계일류와 제휴

LCD쪽에서도 선행 투자를 통해 제품 표준화를 주도함으로써
우위를 확보하고 있다.

일본 업체들이 11인치급 투자에 열중하고 있던 1996년 삼성은
선발 업체를 앞지르기로 하고 12인치급 투자에 나섰다. '뒤따르
는 자'의 고통을 절감한 데서 나온 투자 행동이었지만 LCD라는
것을 1995년에 처음 만들어본 삼성 입장에서는 모험이었다. 시
장 리더인 일본 업체들 눈에 삼성은 겨우 걸음마 단계의 아기가
뛰는 흉내를 내는 것 쯤으로 비쳤다.

그러나 시장은 삼성의 손을 들어줬다.

조금이라도 큰 사이즈를 찾던 노트북PC 업체들이 삼성 12인치
를 표준으로 선택해준 것이다. 이후 삼성은 17인치와 19인치로
공략해 18인치를 들고 나온 경쟁사를 시장에서 몰아냈다. 삼성
이 낸 PC모니터는 15인치, 17인치, 19인치가 표준이 됐다.

LCD TV쪽에서도 샤프를 비롯한 일본 주요 업체들이 30인치를
내놓고 싸울 때 삼성은 32인치 사이즈로 치고 들어가, 결국 일본

업체들을 32인치로 갈아타게 만들었다.

이처럼 시장을 자기 편으로 만들 수 있었던 것은 PC시장에서는 델, HP, 도시바, TV에서는 마쓰시타, 도시바 같은 시장 주도 기업에 삼성 LCD를 공급해 주요 고객사로 끌어들임으로써 가능했다.

삼성전자의 기술 우위를 지키기 위한 노력은 계속될 전망이다. 2005년 9월 D램 생산라인에 세계 처음으로 90나노를 적용한 삼성은 연말까지 90나노 공정을 전체 D램 생산의 5%까지 확대할 계획이다.

7 "삼성의 혼을 담아라"

01 R&D 인력 절반이 'IT 디자이너'

2004년 10월 초 미국 샌프란시스코에서 개막한 세계 최대의 게임대회인 월드사이버게임 대회가 열렸다. 이 대회 공동위원장 중 한 명이 윤종용 삼성전자 부회장이었다. 반도체와 전자제품을 만드는 글로벌 전자기업 CEO가 게임대회를 주최한 것이다. 어찌보면 격이 안맞아 보이지만 윤부회장 본인은 큰 애착을 갖고 있는 대회이다. 윤부회장이 매년 10~20대의 게임마니아들 속으로 뛰어드는 이유는 무엇일까?

지금의 삼성전자가 이뤄진 대전환점이었던 1993년 이건희 회장의 '신경영' 선언으로 되돌아가보면 해답이 나온다.

'양적 팽창을 지양하고 질적인 경영을 펼치라' 는 것이 골자로 일본인 고문이었던 후쿠다 씨가 제시한 〈후쿠다보고서〉가 시발점이었다. 그렇다고 이 보고서가 대단한 내용의 경영진단 보고서는 아니었다.

삼성전자가 디자인과 상품기획 실력을 더 키워야 한다고 지적하는 것이 내용의 중심이었다. 이회장은 이 지적을 "마누라와 자식만 빼고 모두 바꾸라"는 전사적 개혁으로 승화시켰다.

삼성전자에서 소프트 경쟁력은 이처럼 개혁의 단초를 제공했을 뿐 아니라 개혁의 목적이 돼 왔다.

디자인 중요성 깨닫는 데 5년

'제조업체' 삼성전자가 디자인, 콘텐츠, 솔루션 등을 포괄하는 광의의 소프트웨어의 중요성을 강조해온지는 이미 오래다. 하지만 제조업 마인드에 푹 빠져있는 삼성전자 임원진들이 최고 경영자의 의도를 체감하는 데는 시간과 시행착오가 필요했다.

후쿠다보고서 이후 이회장은 곧바로 디자인 파트를 서울로 모두 모아 시너지 효과를 내라고 지시했다. 소비자의 니즈를 제대로 조사해서 제품 개발단계부터 디자인에 충실하라는 이유에서다.

"처음 부문별 책임자들을 찾아가 디자인 직원들을 달라고 할 때는 수도없이 면박을 당했어요. '엔지니어 밑에서 일해야 할 사람을 어디로 데려가냐'는 거죠. 그 때만해도 디자인 기능은 엔지니어링의 하부역할 정도로 취급했어요."

디자인경영센터를 맡고 있는 정국현 전무의 회고다.

1년여를 고생한 끝에 통합 디자인센터를 출범했지만 회사 내에서는 거들떠보지도 않았다. 제품개발 회의에 배석한 디자이너는

"나중에 제품이 나오면 포장이나 잘해달라"며 무시당했다.

"경영진이나 기술자들에게 디자인의 중요성을 알리는 게 우선이었습니다. 그래서 해외 디자인상의 수상을 노리게 됐어요. 외국에서 좋은 평가를 받으면 내부에서도 보는 눈이 달라질 것이란 기대였죠."

효과는 컸다. 1995년부터 도전을 시작한 IDEA(인더스트리얼 디자인 엑셀런스)상을 1997년 처음으로 받았다.

미국 〈비즈니스위크〉에 실린 수상기업 명단 중 맨끝에 삼성이란 회사명이 실렸고, 2001년에는 수상 작품수로 미국 애플 사와 나란히 1위가 됐다. 2004년 6월 발표에서는 단독 1위로 올라서며 전세계 기업 중 디자인부문 최고위치에 올라섰다.

IDEA 디자인상 수상 현황
(단위=개)

기업	2000~2003년	2004년	합계
삼성전자	14	5	19
애플컴퓨터	15	4	19
IBM	11	2	13
HP	7	2	9
로지텍	7	2	9
MS	9	–	9
나이키	7	2	9
블랙&데커	5	3	8
BMW	7	1	8
허만 밀러	7	1	8
OXO	8	–	8
필립스	5	3	8

내부에서 인식이 변한 것은 물론이다. 지금은 전체 R&D인력 2만4,000명 중 절반 이상이 소프트웨어 담당이다.

휴대폰의 경우 미래에 유행할 디자인을 먼저 개발해놓으면 시기에 맞게 이를 제품화하는 시스템이 정착됐다. '디자인 뱅크시스템'이다. 삼성 휴대폰 중 1,000만 대 이상 판매기록을 세우며 세계적인 히트를 낸 T-100(일명 이건희폰), E-700 등이 여기서 나왔다.

디자인은 이제 제품개발뿐 아니라 회사 경영 곳곳에 스며들고 있다. 해외에서 디자인상을 3개나 탄 삼성전자의 컴퓨터 모니터인 '싱크마스터 173P'. 디자인센터에서 모니터 연결부위 2군데를 접이식으로 개발한 제품이다.

사용자 입장에서도 편리하지만 회사 차원에서도 막대한 물류비 절감효과를 거두고 있다. 이중 접이식을 채택해 제품 크기를 절반으로 줄여 운송을 할 수 있다. 항공운송시는 기존 모델보다 대당 30달러에서 절반으로 운송비가 줄었다. 배로 수출을 할 때는 한 개의 콘테이너에 700개를 실을 수 있었는데 지금은 2,000개나 들어간다.

제품광고 컨셉을 정하거나 가전 대리점 입구의 음향장치를 결정할 때도 디자이너가 참여한다.

정전무는 "제품 개발부터 생산, 마케팅, 전시, 광고 등 전 부문에서 소프트경쟁력을 높이기 위한 활동이 전개되고 있다"며 "이

70

같은 의미에서 디자인이 아니라 '디자이닝'으로 정의하는 게 적절하다"고 설명했다.

소프트혁명, 애니콜서 대형TV로

소프트 경쟁력 강화 작업의 가장 큰 수혜품목은 휴대폰이다. 가장 유행에 민감한 소비재인 탓이다.

삼성전자는 휴대폰에서의 성공에 이어 대형 디스플레이에서도 소프트 혁명을 키워가고 있다. 휴대폰에서의 소프트 경쟁력 강화는 어느정도 결실을 거뒀다는 판단에서다. TV쪽을 담당하는 디지털미디어(DM)총괄에서 잇따라 제품별 클러스터 개발시스템을 구축하고 있다.

2004년 7월 수원사업장에서 개최된 선진제품 비교전시회에서 이 회장은 종과 횡으로 여러차례 잘라놓은 소니의 디지털TV를 세심하게 관찰했다. 최고경영자의 관심은 곧바로 성과로 연결됐다.

비슷한 시기에 내놓은 신형 DLP프로젝션TV인 'L7'이 디자인으로 성공한 케이스다. 대형화면을 갖추고도 브라운관TV처럼 공간을 많이 차지하는 프로젝션TV의 단점을 극복하기 위해 내부장치를 TV 밑부문으로 돌려놓아 TV 두께를 절반 이하로 줄였다.

PDP나 LCD TV처럼 벽에도 걸 수 있는 장점 때문에 출시 2달만에 미국시장에서 선풍적인 인기를 끌었다.

비단 디자인뿐만이 아니다. 각종 솔루션, 콘텐츠 등 소프트경쟁력을 결정짓는 다른 부문에서도 괄목할만한 성장이 이뤄져 왔다. 부족한 점은 세계적인 기업과의 제휴를 통해 보충한다는 게 삼성전자의 전략이다.

홈미디어센터의 경우 마이크로소프트(MS)와의 협약 계약이 맺어져 있다. 삼성전자의 하드웨어와 MS의 윈도우CE가 결합된 형태다. 스마트폰의 운용체계(OS)를 위해서는 MS뿐 아니라 심비안, 팜 등 전 OS를 모두 채택하고 있다.

DVD포럼(DVD), BDF(광디스크), DHWG(홈네트워크), 4G포럼 등 세계적인 IT기업들과 각종 표준화 포럼을 구성해 표준활동을 주도하고 있는 것은 소프트 경쟁력을 강화하기 위한 일환이다.

그렇다고 삼성전자가 직접 소프트웨어 비즈니스에 뛰어든다고 판단해서는 오산이다. 소프트 경쟁력은 현재의 주력 제품을 더욱 매력있게 만들고 그를 통해 브랜드 가치를 높이는 게 목적이다.

윤부회장은 미국 CNBC와의 인터뷰에서 소프트 경쟁력에 대한 정의를 이렇게 내렸다.

"디지털 컨버전스화에 대비해 소프트웨어 경쟁력을 높이는 것은 필수불가결하다. 고객들에게 더 많은 선택의 기회를 제공하기 위해서다. 이를 위해서는 직접 사업을 진행하기 보다 콘텐츠, 소프트웨어 공급업체의 협력을 유지하는 게 유리하다."

　2005년 4월 13일(현지시간) 오후 이탈리아 밀라노의 가구박람
회장. 가구 분야의 최첨단 디자인이 소개되는 자리에 삼성의 이
건희 회장이 모습을 드러냈다.

삼성의 사업은 사실 가구와 연관이 없다. 굳이 관련분야를 찾자
면 빌트인 방식이 확대되고 있는 아파트 정도일까. 하지만 이회
장의 뒤로는 이학수 구조조정본부장, 김인주 구조본 차장, 이기
태 삼성전자 정보통신총괄 사장, 최지성 삼성전자 디지털미디어
총괄 사장, 제진훈 제일모직 사장 등 삼성 수뇌부들이 대거 수행
했다. 장남인 이재용 삼성전자 상무와 차녀인 이서현 제일모직
상무보도 함께 했다.

삼성의 최고 경영진이 가구박람회를 참관한 이유는 이튿날 확실
히 드러났다.

밀라노 시내 포시즌호텔에서 이회장은 디자인전략회의를 갖고

이건희 회장이 2005년 4
월 13일, 첨단 디자인과
패션이 융합된 이태리 밀
라노 가구박람회장을 방
문, 대표적 이태리 명품
가구업체인 몰테니
(Molteni & C) 사 부스에
서 최신 디자인 동향에 대
해 설명을 듣고 있다.
사진 오른쪽부터 최지성 사
장, 이학수 부회장, 이건희
회장, 이기태 사장, 이현봉
사장, 제진훈 사장.

"삼성의 혼이 담긴 명품을 만들라"고 주문했다. 그는 "최고경영진부터 현장사원까지 디자인의 의미와 중요성을 새롭게 인식해 세계 일류에 진입한 삼성제품을 품격 높은 명품으로 만들라"고 강조했다. 명품을 위한 조건으로 이회장은 단순한 기능과 기술이 아닌 '감성의 벽'을 뛰어넘을 것을 강조했다. 바로 디자인이다.

전날 가구전시회도 디자인을 위한 영감을 얻기 위한 것이었다. 세계적인 명품 가구업체들이 어떻게 유럽의 고급취향의 문화를 접목시켜 디자인에 반영해나가는지 세계 최첨단의 흐름을 직접 목격한 것이다. 삼성은 이날 회의 결과를 토대로 '밀라노 4대 디자인전략'을 마련했다.

누가 언제 어디서 보더라도 한눈에 삼성제품임을 알 수 있도록 삼성 고유의 철학과 혼을 담은 디자인을 만드는 것이 목표다.

삼성의 아이덴티티를 담은 독창적 디자인과 UI(User Interface: 사용자가 제품을 쉽고 편하게 쓸 수 있도록 모양이나 재질, 버튼 배치를 하는 것) 체계를 구축하겠다는 전략이다. 또 국적이나 성별을 가리지 않고 디자인 트렌드를 주도할 수 있는 천재급 인력을 확보하고 기존 인력의 역량도 체계적으로 강화키로 했다.

이탈리아 특급 디자이너의 한마디가 세계 패션 디자인을 주도하는 모습을 지켜본 이회장의 결단이었다. 제품 디자인 차별화를 가져올 수 있는 기본 바탕인 금형기술 인프라스트럭처도 강화키로 했다. 이를 위해서는 협력업체와 유기적으로 협력체계를 구축하는 전략도 필요하다.

이회장을 비롯한 삼성 경영진들은 당시 디자인전략회의에서 삼성 제품과 소니, 샤프, 파나소닉, 밀레를 비롯한 글로벌 브랜드를 비교하는 비교전시회도 자체적으로 가졌다.

세계적인 디자인상을 받은 LCD TV와 휴대폰, PC, MP3를 비롯한 100여 개 경쟁사 제품이 펼쳐놓고 자신들의 제품과 비교한 것이다.

이회장과 경영진들은 삼성제품이 세계 일류제품에 비해 무엇이 부족한지 솔직하게 토론을 했다고 한다.

사실 삼성이 디자인을 강조한 것은 새삼스러운 일은 아니다.

이회장은 이미 1996년 '디자인 혁명'의 기치를 내걸며 삼성의 소프트혁명을 주도해왔다.

그동안 세계적인 디자인상을 무수히 많이 받았다. 매년 수여되는 미국의 'IDEA'와 독일의 'iF 디자인상' 등은 삼성의 독무대였다. TV 휴대폰 MP3 등은 우수한 디자인을 바탕으로 세계적인 인기제품으로 성장했지만 이회장은 만족하지 않았던 것이다.

10년만에 '제2의 디자인 혁명'을 선언한 이회장의 가슴 속에는 삼성만의 '혼'을 담은 디자인을 원하고 있었다.

일본도 긴장하는 삼성 소프트 경쟁력

삼성전자 소프트경쟁력은 일찌감치 소프트웨어 강국으로 자리잡은 일본에서도 주목받고 있다.

〈닛케이디자인〉〈닛케이비즈니스〉〈웨지〉(Wedge) 등 일본

유력 잡지들은 잇따라 삼성 소프
트경쟁력을 특집기사로 다뤘다.
〈니혼게이자이신문〉 디자인 전
문 자매지인 〈닛케이디자인〉은
2004년 10월호에서 '글로벌브랜
드 삼성전자, 뻗어나가는 디자인
의 뿌리' 라는 제하 특집(사진)을
통해 삼성 디자인 경쟁력을 분석했다.

이 잡지는 이건희 회장이 1993년 신경영을 주창할 당시 디
자인 역량 강화를 경영혁신의 핵심으로 강조함으로써 임직
원 사고방식이 변하기 시작했다고 평가했다. 그 결과 액정
TV, 모니터, 휴대전화 등에서 세련된 제품이미지를 구축했
으며 이는 일본 기업들이 배울 필요가 있다는 것이다.

시사월간지 〈웨지〉도 '삼성 · LG전자에 뒤처진 일본 브랜드
의 낙조' 라는 제목으로 국내 전자업체 소프트경쟁력이 일본
업체를 앞섰다고 평가했다.

〈웨지〉는 "삼성이 브랜드를 소비자들에게 가깝게, 최대한
노출하는 '터치포인트전략' 을 통해 세계적 브랜드를 가진
기업으로 성장했다"며 "내수시장을 우선시하는 일본 기업과
달리 처음부터 세계를 겨냥하는 인식 차이가 삼성 브랜드 전
략의 강점"이라고 분석했다.

일본 최대 경제주간지인 〈닛케이비즈니스〉도 "지난 50년 동
안 일본 기업들이 브랜드에서 우위를 누렸지만 최근 들어 삼

성 대형TV가 미국에서 일본 제품보다 더 고가에 팔리는 등 일본 브랜드 가치를 위협하고 있다"고 지적했다.

디자인경영의 산실, 디자인경영센터

2005년 초 미국 라스베이거스에서 열린 '2005 CES'에서 13개 혁신상 수상, 3월 초 독일에서 개최된 세빗에서 'iF 디자인상 2005' 12개 수상, 제4회 '레드닷 디자인 어워드 2005' 15개 부문 석권. 2005년 상반기에만 삼성전자가 휴대폰, 디지털가전 등의 제품으로 세계무대에서 거둔 디자인 부문의 성과다. 세계최고 수준의 디자인 능력을 인정받고 있는 것이다.

2004년 11월에는 삼성 이건희 회장이 홍콩 디자인센터와 산업기술통상부가 공동 주최하는 '디자인 경영자 상'의 초대 수상자로 선정되기도 했다. 이 같은 성과의 산실이 바로 삼성전자 디자인경영센터이다.

윤종용 부회장 직속으로 설립된 기구이며 센터장은 최지성 디지털 미디어총괄 사장이 겸임하고 있다. 센터장인 최사장은 TV를 중심으로 DVD, 캠코더 등 각

삼성전자 디자인경영센터에서 모니터 디자인에 대해 의견을 나누고 있는 디자이너들

종 디지털기기를 생산, 판매하는 총책이다. 디지털경영센터를 직접 관장하는 것은 그만큼 가전제품에 디자인을 최우선한다는 의미다.

디자인경영센터는 400여 명의 직원들이 삼성전자 제품 디자인을 책임지고 있다. 단순한 디자인 개발뿐만 아니라 라이프 스타일이나 사용자의 습관까지 연구해 디자인에 반영한다. 가령 컴퓨터가 켜지고 꺼질 때 나는 소리나 세탁기의 작동이 끝날 때 나는 소리도 이곳에서 나왔다.

디자인경영센터의 디자이너들은 신제품 기획단계에서부터 마케팅이나 연구개발(R&D) 담당자 못지 않은 영향력을 발휘한다. 실제 종합기술원에서 열리는 미래전략회의에도 디자이너가 반드시 참석한다. 디자인경영센터는 지금은 필요없어 보이지만 미래의 수요에 대비해 먼저 개발하는 '선행개발'도 책임진다. 기술혁명에 따른 환경 변화와 그에 따른 라이프 스타일 변화를 예측해 수만 가지의 제품 디자인을 미리 설계해 놓는 것이다. 이 제품들은 '디자인 뱅크'에 축적돼 있다가 '때'가 됐다고 판단되면 세상에 빛을 보게 된다.

2001년 단일 모델로는 가장 많은 판매고를 기록한 '플립업 휴대폰'이 대표적인 사례다.

삼성전자는 또 디자인의 현지화를 위해 미국 샌프란시스코와 로스앤젤레스, 영국 런던과 일본 도쿄, 중국 상하이, 이탈리아 밀라노 등 6곳에 해외 디자인 거점도 구축, 글로벌 디자인 네트워크 체제를 운영하고 있다.

8 계열사도 안 봐주는 클린구매

01 "구매는 예술이다"

'납품사 누가 소개' 기록 부패방지

삼성전자에 부품과 장비를 납품하는 업체는 2004년 10월 현재 1,300여 개에 달한다. 삼성은 이들 협력업체에 대해 '핵심', '협업', '일반' 세 가지 부류로 분류해 관리하고 있다.

핵심업체는 미래 선도형 기술을 많이 개발하는 업체다. 기술력과 원가경쟁력을 갖추고 있으면서 연구개발도 왕성한 곳이다. 삼성전자와 서로 협력하고 '윈윈' 해서 미래를 함께하는 협성회(協星會) 멤버들이다.

'협업'은 삼성이 요구하는 것에 대해 말귀를 알아듣고 무리없이 소화해주는 업체다. 기술이든 가격이든 요구하는 대로 맞춰주는 수준이다.

'일반'은 그야말로 범용기업이다. 그곳 아니라도 어디서든 조달할 수 있는 부품이나 자재를 만드는 기업들이다. 언제든지 거래를 끊을 수 있고 삼성의 그런 대우에 대해 상대방도 부담이 없다.

부품업체를 선정하는 데도 선택과 집중의 잣대가 철저히 적용되는 것이다.

삼성전자는 협성회 소속 기업을 특별관리하고 있다. 전담 조직을 두고 매월 한 차례 경영자를 삼성본관으로 불러 모임을 갖는다. "그들은 삼성 사람의 입모양만 봐도 무슨 생각을 하는지 속을 헤아릴 정도"라고 삼성 관계자는 말한다.

사실상 삼성의 '이너 서클'에 속하는 협성회 명단에는 117개 업체가 올라 있다. 구매 파트의 사명 가운데 하나가 이 같은 '핵심' 업체를 얼마나 많이 확보하느냐이다.

그렇지만 협성회 멤버가 되는 데는 엄격한 심사가 따른다. 무엇보다 삼성 말을 고분고분 듣고 충성도가 높아야 한다. 튼튼한 실력은 기본이다. 삼성전자의 글로벌 경쟁력은 이들 117개 '새끼 삼성'이 위성그룹을 형성해 보좌하는 데서 나온다. 삼성의 깐깐한 선별 때문인지 한때 300개에 육박했던 협성회 숫자는 갈수록

삼성전자의 구매 윤리 헌장

SAMSUNG 삼성전자
⟨구매 윤리 헌장⟩
우리 전자 구매인은 회사 이익창출의 최일선에 선 선봉자로서
정직과 신뢰를 바탕으로 경영의 동반자인 협력회사와 더불어
'서로 돕고 함께 발전하는' 相生의 구매를 실천하며 항상 공명정대하고
청렴결백한 자세로 약속과 법규를 준수하며 정도구매를 추구한다.

줄어들고 있다. 이는 '질' 중시 경영과 맥을 같이한다.

삼성이 하도급업체를 '협력업체'로 고쳐부르고 이들을 중시하기 시작한 것은 1993년 '신경영'이 가동되면서부터다. 강병수 구매전략팀장(상무)은 "이건희 회장이 '구매의 예술화'를 들고나오면서부터 부품을 보는 눈, 협력업체에 대한 시각 등이 획기적으로 바뀌었다"고 말했다.

단순히 물건을 사고파는 관계가 아니라 협력업체가 양질의 부품을 싸게, 빨리 납품할 수 있도록 삼성이 돕고 베풀어 감동을 자아내는 예술의 경지까지 서로의 관계를 끌어올리라는 것이다.

협력업체를 지도하고 육성해 질을 높여야만 양산조립업인 삼성의 경쟁력이 확보된다는 이회장의 생각이 바탕에 깔려 있다.

삼성은 협력업체의 질 제고와 동시에 강력한 부정 근절 방안도 마련했다. 현재 삼성카드 사장인 박근희 전 삼성 구조본 경영진단팀장은 "거래업체나 우리 직원이 부정에 연루되면 삼성에 영원히 발을 못붙이게 하라는 이회장 지시가 있었다"고 말했다.

이 본보기가 된 것이 이른바 '2001년 사건'이다. 당시 삼성전자 엔지니어 등에게 금품 제공과 룸살롱 접대를 했다는 이유로 납품업체 10여 개사가 무더기로 협성회에서 쫓겨나고 거래를 정지당했다. 로비 대상이 된 당사자들도 해고됐다.

구조본과 삼성전자의 합동감사반에 적발된 이 사건 이후 구매관련 부정은 거의 자취를 감춘 것으로 삼성은 판단하고 있다.

삼성전자의 부품·원자재 구입 예산은 2004년 기준 27조 원(2003년). 업계 2위인 LG 전자 매출(2003년 20조 원)보다 많은 금

액이다. 여기에 생산장비 구입비 7조 원까지 더하면 34조 원이
다. 2004년 매출 43조6,000억 원 중 78%가 원부자재와 부품·
장비구입비인 셈이다.

이 거대한 구매예산을 2,300명의 구매인력이 커버한다. 구매담
당 1인당 연간 조달금액도 자그마치 118억 원. 결국 사람이 하
는 일인 만큼 아무리 쓸어내고 긁어내도 자잘한 사건이 끊이지
않았던 것이다.

삼성본관 21층 구매전략팀 회의실에는 지금도 부정을 스스로 단
속하는 경구가 걸려 있다.

"우리 전자 구매인은(중략), 청렴결백한 자세로 약속과 법규를
준수하며 정도구매를 추구한다"는 윤리강령이다.

삼성전자 홈페이지에도 '사이버감사' 코너를 설치해 협력업체
로 하여금 부정을 고발하게 해놓았다. 삼성은 구매만은 절대로
개인 연줄에 의존하지 않는다. 아무리 우수한 구매처라도 소개
한 사람 이름이 적혀 있으면 임원 선에서 90%가 잘리고 실무진
조사에서도 생존율이 10%가 안 된다.

02 "계열사라고 왜 봐줘"

삼성전자 구매팀의 최대 관심사는 이제 '부정방지'가 아니다.
양질의 자재를 저렴한 가격에 조달해오는 '전략구매'가 화두다.

강상무는 "고객이 왕이라는 건 고객이 가격결정권을 쥐고 있기 때문"이라며 "왕의 요구에 맞추면 생존하고, 그렇지 않으면 망한다"고 명쾌한 논리를 제시했다. 그는 또 "시장에서 좋은 가격을 받으려면

삼성전자 구매 비중
(단위=%)

일본 12.7
중국 16.7
미주 9.5
동남아 8.3
기타 해외지역 1.6
계열사 12.7
국내 협력사 38.3

*2003년 기준

고객이 보유할 가치가 있는 제품을 세계에서 맨 처음 만들어 내놓는 것"이라고 말했다. 마지노선으로 그어진 구매가격을 넘으면 그룹 내 기업이라도 가차없이 탈락시킨다.

'R칩' 40% 이상을 납품해온 삼성전기는 2004년 물량을 20% 깎였다. 깎인 20%는 국내 업체 ABCO로 갔다. 적층세라믹콘덴서(MLCC)도 45% 이상 납품해 왔으나 2004년 일본 무라타제작소에 25%를 빼앗겼다.

삼성이 끝전까지 따지며 계열사에 이처럼 야박하게 구는 데는 이유가 있다. 대형 고객사인 컴팩, IBM, HP 등은 더 가혹한 가격조건을 요구하기 때문이다. 이들은 대만의 이름도 없는 기업에서 사온 값싼 모니터를 삼성에 보여주고 같은 가격에 납품하라고 요구한다. 선입견과 달리 삼성그룹 계열사에서 구매하는 비율은 얼마 안 된다. 2004년 기준 삼성SDI가 5.2%(1조4,330억 원)로 가장 많고 삼성전기(3.8%)와 코닝정밀(3.7%) 등을 합해도 12.7%에 불과하다. 국내 구매도 51%에 불과하다. 나머지 49%는 중국(16.7%), 일본(12.7%), 미주(9.5%), 동남아(8.3%) 등 외국에서 조달한다.

9

2% 부족한
생활가전사업

01 LG의 벽을 넘어라

2004년 초 이건희 삼성 회장은 삼성전자 임원인사를 단행하면서 충격적인 내용을 하나 집어넣었다.

윤종용 부회장에게 생활가전 총괄직을 겸직하도록 한 것이다. 회사 전체를 이끄는 최고경영자(CEO)에게 사업부장을 맡긴 격이다. 그것도 한국 재계의 대표적인 전문경영인에게 삼성전자 내에서 가장 부진한 적자사업을 떠맡겼다.

이건희 회장 의도는 분명했다. '대표 CEO가 직접 맡아서라도 생활가전 사업을 회생시켜야 한다' 는 의지였다.

그만큼 냉장고, 세탁기 등을 생산하는 생활가전 사업은 삼성전자에서 두고두고 골칫덩어리였다. 반도체, 휴대폰, LCD 등이 세계 최고 성과를 올리고 있지만 가전사업은 국내에서조차 LG전자에 뒤지는 2위 자리에 머물렀다. LG전자는 생활가전에서 평균 10%대 영업이익률을 보이며 5조 원 이상 매출실적을 올리고 있다.

반면 삼성전자 생활가전은 3조 원을 갓 넘는 매출에 2003년과 2004년 연속해서 영업이익 적자를 냈다. '초일류'를 지향하는 삼성전자에서 생활가전사업이 골치덩이일 수밖에 없다. 삼성전자가 유독 생활가전사업에서 맥을 못추는 데 대한 해석은 다양하다.

사업 집중도에서 삼성과 LG는 현격한 차이가 난다. 삼성전자 주력사업은 반도체, 휴대폰, LCD 등이다. 생활가전은 투자와 사업 순위에서 늘상 뒷전으로 밀린다. 하지만 LG전자는 반도체를 매각한 후 가전사업에 전력해야 하는 처지다. 이를 위해 LG전자는 외환위기 전후로는 회사 전체가 생존을 위해 대대적인 생산 혁신과 원가절감에 나서기도 했다.

이 같은 차이는 단순히 임직원 정신력 차이만 가져오는 게 아니다. 단적인 예가 냉장고와 세탁기 성능을 좌우하는 핵심부품

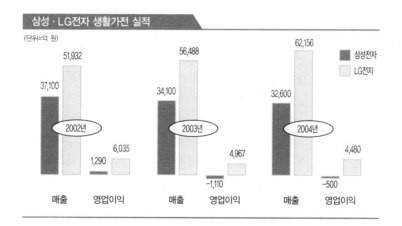

삼성·LG전자 생활가전 실적

(단위=억 원)

삼성전자 / LG전자

	매출	영업이익
2002년 삼성전자	37,100	1,290
2002년 LG전자	51,932	6,035
2003년 삼성전자	34,100	-1,110
2003년 LG전자	56,488	4,967
2004년 삼성전자	32,600	-500
2004년 LG전자	62,156	4,480

인 모터. LG는 창원과 김해에 모터사업부를 두고 자체 생산하지만 삼성은 외부 업체에서 생산한 제품을 구매해서 쓴다.

익명을 요구한 가전담당 한 애널리스트는 "부품 외부조달이 비용 절감에는 유리할지 몰라도 제품 성능과 품질에 대한 책임감은 부족하다는 증거"라며 "주력 사업으로 육성하느냐 여부는 이렇게 다방면에서 상이한 결과를 가져온다"고 설명했다.

양사 기업문화와 이미지에서 답을 찾는 시각도 있다. 삼성전자 기업문화는 다분히 이성적이다. 마케팅에서도 항상 '최고' 기술과 품질을 강조한다. 기술을 강조하며 시작해 최고로 끝맺는 이성적 마케팅이다.

LG전자는 반면 '사랑해요 LG'로 시작해 '희망과 꿈'으로 끝을 맺는다. 친근과 신뢰가 키워드다. 양사 상징색도 삼성은 이성적인 푸른 색, LG는 감성적인 붉은 색이다. 디지털TV 광고를 보면 양사 마케팅 포인트가 분명히 구분된다.

삼성전자 파브(PAVV)는 '고화질로 앞서간다… 최고의 브랜드'가 키워드다. 기술을 강조하고 최고라는 단어가 등장한다. LG전자 X캔버스는 '다른 사람들은 보지 못합니다. 전쟁 속에 핀 희망의 봄을… 당신은 그 차이를 압니다'로 감성을 자극하는 광고를 사용했다.

200만 화소 카메라폰 경쟁에서도 마찬가지다.

삼성 애니콜 광고 '투우편'에는 '자세가 다르다'는 컨셉트로 제품 기능과 디자인을 강조한 반면 LG 사이언 '고흐편'은 미적 감각으로 제품 기능을 자연스럽게 승화한다.

양사의 기술적 차이는 크게 없고 소비자들은 잘 알지도 못한다. 하지만 삼성의 1등 기술 마케팅과 달리 LG는 감성 마케팅으로 소비자들에게 어필할 수 있다는 분석이다. 가전제품 구매결정권이 주부에게 있음을 감안하면 삼성의 '최고주의'는 오히려 가전 사업에 부담이 될 수 있다.

그렇다고 삼성이 생활가전을 과감히 버리기도 어렵다.

전자산업 '디지털 컨버전스' 추세를 감안하면 가전사업이 언제 어떤 식으로 역할해줄지 모르기 때문이다. 차세대 가전시장인 홈 네트워크 시스템은 TV, 오디오, PC 등 AV가전은 물론 냉장고, 에어컨, 세탁기 등 생활가전이 모두 하나의 시스템으로 연결된다.

이 중 냉장고는 24시간 전원을 켜놔야 하는 특성 때문에 홈네트워크의 '허브'로 각광받고 있다. 생활가전사업에서 섣불리 손을 놨다가는 미래의 가전시장 전체에서 경쟁력을 상실할 수 있다.

02 "삼성의 저력 보이겠다"

삼성전자 '가전 회생전략'은 생산통합과 판매망 확충이다. 삼성전자는 2005년부터 생산과 판매 이원화를 골자로 한 '가전 회생전략'을 가동하고 있다.

수원사업장 백색가전 생산라인을 회사에서 완전히 분사해 광주 자회사인 광주 삼성전자로 이관했다. 냉장고와 청소기 생산은 이미 광주에서 담당하고 있었고 여기에 세탁기와 에어컨 생산라인이 가세했다. 생산라인 통합으로 부품구매와 물류에서도 비용 절감 효과를 거두겠다는 포석이다.

이 과정에서 수원사업장 근로자 수백 명이 퇴사하는 인력 구조조정도 병행됐다. 본사에서 직접 관장하는 판매사업은 '제 가격 받기'가 초점이다.

국내 가전판매는 가전회사 자체 대리점, 할인점, 양판점, 백화점, 홈쇼핑 등 온라인 판매 등으로 세분화돼 있다.

이 중 가장 막강한 판매처가 할인점과 양판점이다. 삼성, LG, 대우 등 막강한 대기업들도 이들의 가격인하 요구에는 휘둘릴 수밖에 없고 이로 인한 수익감소에 대처하려면 자체 대리점을 늘

삼성전자 생활가전 회생 전략

구분	내용
생산설비 통합	국내 생산 광주로 통합, 수원 세탁기, 에어컨 생산라인 이전
국외 생산 확대	전자레인지 사업, 말레이지아로 이전, 국외 생산비중 45% → 60%로 확대
자체판매량 확충	대리점 500개에서 700여 개로 확충, 소프트 혁신 통한 매장운영 표준화

삼성전자 생활가전 지역별 특화 전략

수원	R&D 기지
광주	내수및 프리미엄 제품 제조(냉장고 세탁기 에어컨 청소기등)
중국 쑤저우	분리형 에어컨, 중소형 드럼세탁기, 중대형 냉장고 거점
말레이시아, 태국	전자레인지 등 일반제품
멕시코	에어컨, 냉장고, 세탁기 생산. 2005년 확충
동구, CIS	2007년까지 생활가전 공장 신설 추진

리는 수밖에 없다.

삼성전자는 2003년 말 500개였던 대리점을 1년새 700개 이상으로 대폭 늘렸다. 매장 운영 노하우를 표준화하는 '소프트 혁신 활동'도 전개했고 유통전문가가 모델숍에 상주하도록 해 고객응대법 하나하나를 뜯어고치고 있다. 커피전문점이 입점하는 등 대형·복합화를 병행하는 것도 판매망 강화작업의 일환이다.

해외사업 확대도 해답 중 하나다.

전자레인지 사업은 사업부에서 일개 팀으로 격하하는 충격요법을 사용하면서 생산시설을 외국으로 옮겼다. 영국, 중국, 생산 라인까지 폐쇄하고 말레이시아로 통합했다. 전체 해외 생산거점도 2001년 5개국 6개 공장에서 2004년 7개국 9개 공장으로 확대했다.

이로써 해외생산 비중도 2001년 45%에서 2003년 말 65%까지 확대됐다.

외국 유수 업체와 기술제휴하는 것도 경쟁력 강화 방안 중 하나다. 미국 드럼 세탁기 1위 브랜드인 메이텍과 앞으로 5년 동안 프리미엄 드럼세탁기 생산·판매에 대한 전략적 제휴를 체결했다. 일본 산요와는 2003년 4월부터 냉난방 인버터 에어컨을 공동 개발하는 등 글로벌 경쟁력을 갖추는 제휴에 나섰다.

이로 인한 효과가 서서히 나타나고 있다.

강등조치를 당한 전자레인지 사업은 구조조정 여파로 외형이 2004년 연 900만 대에서 600만 대 수준으로 축소됐지만 하지만 수익은 2003년 400억 원 적자에서 2004년 100억 원 이상의 흑자로 돌아섰다.

10 16명의 올라운드 플레이어들

01 GBM체제가 경쟁력 원천

내로라 하는 대기업들이 줄줄이 쓰러지고 있던 1998년 여름, 서울 태평로 삼성 본관 임원회의실에도 돌연 긴장감이 감돌았다. 부사장급 · 전무급 사업부장들이 상무급인 김인수 경영혁신팀장 앞에서 식은땀을 흘리며 무언가를 열심히 설명했다. 할당된 시간은 1시간. 이 시간 안에 자기 사업부가 왜 살아남아야 하는지를 일목요연하게 보고해야 했다.

이날 보고 내용은 요약 · 정리돼 윤종용 당시 사장에게 보고됐다. 윤사장은 비고란에 'O'와 'X'를 그려넣었다. 이런 작업을 거쳐 당시 100여 개에 달하던 삼성전자 사업부 중 30여 개가 사라지고 140여 개의 제품이 정리됐다.

이처럼 강력한 구조조정이 마무리될 즈음인 2000년에 들어서자 삼성전자는 한국에 없는 전혀 다른 기업 통치방식을 고안했다.

삼성전자를 세계에 우뚝 세운 'GBM(Global Business Management)' 제도가 그것이다. 삼성 내부에서 '사업부'로 불리는 GBM은 말하자면 소사장제라 할 수 있다. 삼성전자에서 생산하는 전 제품을 성질이 비슷한 것끼리 묶어 모두 16갈래(GBM)로 나눈 것이다. GBM장 16명은 자기가 맡은 사업부문에 대해 신제품 기획에서 구매·생산·판매·재무·인사는 물론 해외 판매나 광고·홍보까지 관할한다. 적자를 내면 책임을 지고, 경영을 잘하면 공 또한 자기 것이다.

GBM을 도입하기 전까지 삼성은 사업부제를 운영했다.

그러나 사업부제는 제품 중심으로 운영된 탓에 판매와 관리·영업 책임자가 각각 달랐다. 그러다 보니 책임은 지지 않고 서로 자기가 잘했다고 대항하는 갈등을 곧잘 빚었다.

영업부문은 재고가 많이 쌓인다는 추궁을 당하자 "제조 쪽에서

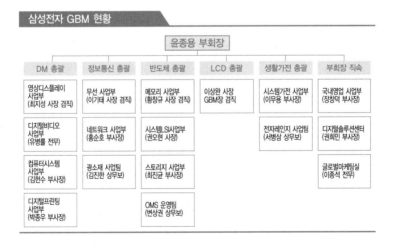

삼성전자 GBM 현황

윤종용 부회장

DM 총괄	정보통신 총괄	반도체 총괄	LCD 총괄	생활가전 총괄	부회장 직속
영상디스플레이 사업부 (최지성 사장 겸직)	무선 사업부 (이기태 사장 겸직)	메모리 사업부 (황창규 사장 겸직)	이상완 사장 GBM장 겸직	시스템가전 사업부 (이무용 부사장)	국내영업 사업부 (장창덕 부사장)
디지털비디오 사업부 (유병률 전무)	네트워크 사업부 (홍순호 부사장)	시스템LSI사업부 (권오현 사장)		전자레인지 사업팀 (서병삼 상무보)	디지털솔루션센터 (권희민 부사장)
컴퓨터시스템 사업부 (김헌수 부사장)	광소재 사업팀 (김진한 상무보)	스토리지 사업부 (최진균 부사장)			글로벌마케팅실 (이종석 전무)
디지털프린팅 사업부 (박종우 부사장)		OMS 운영팀 (변상권 상무보)			

시원찮은 제품을 만들어서 안 팔리기 때문"이라고 응수했고 제조
는 "영업에서 요구하는 가격으로는 제조원가를 맞출 수 없으니
공장도 가격을 올리든지 품질을 낮출 수밖에 없다"고 맞섰다.

이처럼 생산현장, 해외영업, 국내영업이 서로 책임을 미루면서
밖으로 뻗어야 할 에너지가 내부에서 많이 소모됐다. 이런 가운
데 경제환경이 불황으로 치닫고 이에 따라 재고가 쌓여갔지만
생산활동은 누구에게도 견제를 받지 않고 계속됐다. 급기야
1997년에는 재고가 10조 원 규모로 늘어나 경영을 압박했다.

고민하던 윤종용 부회장은 결국 제품이 아니라 '사업'을 시작부
터 완결될 때까지 전 과정을 책임지는 이 제도를 도입했다.

GBM장은 예산과 인력할 것 없이 경영자원을 마음대로 쓰는 대
신 책임도 무한하다. 제품이 팔리지 않으면 직접 광고를 하고 유
럽에서 판매가 부진하면 날아가 닦달을 한다. 우수한 인재가 있
으면 뽑아서 쓰고 경쟁사를 이기기 위해 연구개발(R&D) 투자를
늘린다. 그러는 한편 구매예산을 줄여 달라고 독려하고 매출 대
비 순익률을 높이도록 원가절감에도 나선다.

GBM장들은 서로 나은 경영 실적을 올리기 위해 눈에 보이지 않
는 치열한 경쟁을 벌인다.

매월 초면 이들 앞에 어김없이 지난 달 경영활동 성과가 배달되
기 때문이다. 매출과 순익, 재고·재무상태, 원가에 차지하는 인
건비와 구매비 비율 등 각종 지표가 세세하게 정리돼 날아온다.

윤종용 부회장과 최도석 사장 아래 경영지원총괄 인사팀은 이런
장면을 모두 내려다보고 있다. 평가 항목 하나 하나가 고과에 그

대로 반영된다. 여기서 경영능력을 인정받으면 총괄사장으로 승진한다. 최지성 사장과 이상완 LCD총괄 사장이 GBM에서 올라온 대표적 사례다. 물론 총괄 5명이 겨뤄서 그 가운데 1명이 언젠가는 윤종용 부회장 뒤를 잇는 재목이 될 수도 있다.

삼성전자 전 인사팀장인 김인수 부사장은 GBM 제도에 대해 "어떤 사업을 처음부터 끝까지 다 해보게 함으로써 차세대 경영자를 육성하는 인큐베이터로 활용하는 목적도 있다"고 말했다.

치열한 경쟁을 하다 보니 GBM은 서로 '컨닝'도 한다. 좋은 말로 벤치마킹이다. 매월 한 차례씩 열리는 경영혁신확대회의와 선진제품 비교전시회가 그런 장소를 제공한다.

02 1초를 다투는 스피드 경영

GBM 도입 후 의사 결정이 빨라지고 경영 성과도 세계적인 기업을 능가할 정도로 좋아졌다. 특히 종전까지 길게 늘어졌던 결재 단계가 3단계로 단축돼 일이 속도감 있게 진행됐다. 대개 일은 과·부장이 기안한 것을 팀장을 거쳐 GBM장이 서명하면 그뿐이다.

지금은 삼성테크윈으로 자리를 옮긴 전 영상디스플레이GBM장인 신만영 부사장은 일본 도시바와 VCR사업 제휴를 결정할 때 일화를 소개했다.

도시바는 경영위원회를 몇 번이나 열어 니시무라 회장이 승인하기까지 2개월이 걸렸지만 삼성전자는 GBM장인 자신이 윤종용 당시 사장한테 전화 한 통으로 재가를 받아 일본인들을 놀라게 했다는 것이다.

삼성은 GBM 위에 총괄사장을 두고 있다. 16개 GBM은 사업 성격에 따라 총괄사장 5명 아래 어떤 형태로든 편입된다. 총괄들은 자기 분야밖에 못보는 GBM장의 한계를 보완하는 기능을 한다.

GBM장은 단기 실적을 위해 매일매일 싸우는 야전사령관이기 때문에 '전략'이나 '비전'을 생각할 틈이 없다. 부분은 최적인데 전체로는 삐걱거리고 비효율이 생기는 것을 없애는 자리가 총괄이다. 이를테면 같은 총괄 아래에 있는 GBM장이 서로 자기 실적만을 고집해 각자 따로따로 광고판을 세우고 신문·TV광고를 하면 낭비 요인이 생긴다.

돈 되는 신규 사업이 있으면 서로 자기가 하겠다고 나서는 사례도 있다. 이럴 때 총괄이 나서 그 사업은 아무개 GBM으로 넘기고 광고는 공동으로 시행하라는 등 거중조정을 한다.

또한 총괄은 좀 더 전략적이고 비전을 제시하는 일을 한다.

어디에 투자해야 효율이 높은지, 3~4년 후에는 어떤 기술로 먹고 살지, 불황을 감안해 고용은 어느 정도를 유지해야 할지, 사업부간 시너지를 어떻게 극대화할지 등 미래를 준비하는 작업이 대부분이다.

총괄 위에 있는 윤종용 부회장은 오케스트라 지휘자고 최도석 사장은 총감독이다.

11 전용기로 모시는 S급 인재

01 인재유치, 이익보다 높게 평가

삼성전자의 실적이 급증세를 보이던 2004년 가을 서울 태평로 삼성본관 23층에 있는 당시 인사팀장이었던 김인수 부사장의 집무실을 방문했다.

책상 뒷쪽 벽면에 깨알같은 글자로 만들어진 현황표가 하나 붙어 있었다. 각 부문별 해외우수인력 유치 실적을 한눈에 볼 수 있게 만들어진 표이다.

"CEO 평가에서 가장 높은 배점이 해외인재 유치 성과입니다. 30%를 차지해요. 매출, 이익 등 경영성과보다도 높아요."

김부사장이 보여준 파일에는 또 해외핵심인력 유치대상의 접촉 현황이 방대한 자료로 만들어져 있다. 대상자별로 주요 CEO나 임원이 언제, 어디서 만났는지가 일정과 면담 내용이 정리돼 있다.

"사장급의 경우 1년에 7, 8차례는 인력유치를 목적으로 해외출장을 갑니다. 저는 10차례가 넘구요. 핵심인력 유치대상 중에는 5년 이상 공들이고 있는 인물도 적지 않죠."

삼성전자가 우수인력 유치에 얼마나 심혈을 기울이는지를 보여주는 좋은 사례다.

고 이병철 회장은 '인재제일'을 경영철학으로 삼았다. 이때부터 '인재'라는 단어는 삼성의 핵심 DNA로 자리잡았다. 이건희 회장은 이를 '핵심인재'란 키워드로 격상시켰다.

김부사장은 "1993년 신경영이후 인력은 비용이 아니라 기술과 돈과 같은 캐피탈(자본)로 여기게 됐다"며 "미래의 경쟁력을 결정짓는 핵심역량이기 때문"이라고 설명했다.

실제 삼성전자가 유치대상으로 선정한 해외우수인력 리스트만 3만5,000명에 이른다. 이 중 10%는 어느 때나 접촉이 가능할 정도로 인맥관리가 이뤄지고 있다.

삼성전자 주요 인력양성 코스

명칭	내용	연간 배출인력
지역전문가 제도	해외 주요 지역에서 1년 동안 현지화 · 전문화 교육	100여 명
해외 MBA 코스	CFO 등 미래의 분야별 경영진 양성을 위한 교육	40여 명
반도체 공과대학	미래 반도체기술 선도를 위한 엔지니어와 경영진 양성 교육부에서 정식 대학 인증	학사 30명, 석사 20명, 박사 3명
제조기술대학	해외 생산설비 기술 · 생산 인력 양성	100여 명
SLP	부장급 대상 경영자 자질 · 소양 교육	500여 명
직능전문가 교육	재무, 기획, 구매, 마케팅 등 분야별로 4~5주 동안 산 · 학 협력과 자체 양성 통해 인력 배출	700명(기술 부문 제외)

이 업무를 담당하는 'IRO(International Recruit Officer)'란 전담조직도 가동되고 있다. 전세계 각지에 배치된 20여 명의 요원들이 우수인력을 발굴하고 지속적으로 접촉해 '삼성호'에 승선시키는 유치활동을 벌이고 있다. 그렇다고 삼성전자의 차세대 리더가 해외유치 인력에서만 나오는 것은 아니다.

이에 못지않은 비중으로 자본과 열정이 투입되는 분야가 내부 인력양성이다. 1년에 투자되는 인력양성 비용만 2,000억 원에 이른다.

삼성전자에 입사를 하면 직급별로 다양한 프로그램의 양성코스를 거치게 된다.

김부사장은 "궁극적인 목표는 글로벌 인재를 키우는 것"이라며 "인텔이나 GE의 인재들과 견줘 언어는 물론 업무능력, 국제감각 등 모든 면에서 대등한 위치에 올라야 한다"고 설명했다.

용인 연수원에서 10주간 합숙코스로 진행되는 외국어연수는 지옥의 코스로 불린다. 직원들 사이에서는 "영어로 한두번 꿈을 꿀 정도가 돼야 퇴소할 수 있다"고 알려져 있다.

전액 회사의 지원을 받으며 국내외 박사과정을 이수하는 직원도 200여 명에 이른다. 삼성종합기술원 임형규 원장이 여기서 배출된 1호 사장이다.

해외공장의 기술인력을 양성하는 제조기술대학, 미래의 CFO를 길러내는 재무MBA 등 분야별로 세계수준의 전문가를 길러내는 과정도 있다. 이건희 회장 지시로 1990년 시작돼 지금까지 2,800여 명이 배출된 지역전문가 제도는 해외주재원의 35%를 이들로 구성할 정도로 글로벌맨의 산실로 자리잡았다.

10여 년간 이렇게 키워진 삼성맨은 본격적으로 임원 즉 경영진이 되기 위한 육성단계로 진입한다. 여기서부터는 교육대상도 철저히 선별된다. 그동안의 성과를 통한 검증 과정을 거쳐 본격적인 경쟁이 이뤄지는 셈이다.

'SLP(Samsung Business Leader Program)'란 부장급 대상 교육과정이 있다.

5개월간에 걸쳐 변화와 혁신, 재무회계, 마케팅, 리더십, 위기관리능력 등 경영진으로서 필요한 종합적인 능력을 키우게 된다. 하지만 교육대상은 부장급 1,500명 중 1년에 50명에 불과하다. 회사내에서 이 제도를 아는 직원이 별로 없을 정도로 '선택된' 소수만이 교육을 받는다.

이 과정을 이수했다고 임원자리가 보장되는 것도 아니다. 임원으로 승진하기까지 나머지 기간 동안에는 교육결과가 유지되는지 지속적인 평가를 받는다. 부장 1년차에서 이 코스를 이수했다면 나머지 3~4년간은 검증기간이 되는 셈이다.

임원으로 승진하기 위한 자격은 철저히 신상필벌이다.

자신의 업무에서 거둔 경영성과는 기본 바탕에 불과하다. 입사연도, 나이 등 연공서열이 무너진지는 오래다. 조직리더로서 갖춰야 할 전문성과 도덕성, 비전을 제시할 수 있는 능력, 일에 대한 열정, 변화와 혁신을 수용할 수 있는 유연성 등도 필수요건이다. 거짓말, 변명, 뒷다리잡기 등 삼성전자 내부의 전통적인 3대 금기사항에 저촉됐는지도 체크된다.

김부사장은 "설사 단기적으로 성과를 냈더라도 회사가 지향하는 가치에 부합되지 않는다면 도태될 수밖에 없다"며 "조직에 적정수준의 위기감을 유지할 수 있는 능력도 필요하다"고 강조했다.

임원 중 서울대 출신은 고작 20%

삼성전자를 평가할 때 '엘리트주의'와 '폐쇄성'이 흔히 거론된다. 삼성전자가 세계적인 글로벌 기업으로 성장했지만 '그들만의 세계'라는 것이다. 그러나 삼성전자를 움직이는 640명의 임원진 면면을 보면 이 회사가 얼마나 개방적이고 다양한 인적구성을 갖췄는지 쉽게 알 수 있다.
임원 중 석박사 비중은 45%로 상당히 높다. 세계 최고의 기업들과 경쟁하기 위해서는 엔지니어링, R&D분야에 고급인력이 필요하기 때문이다.

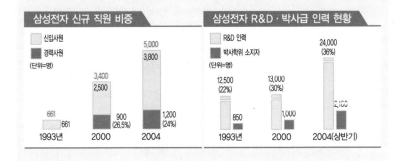

하지만 서울대 출신은 129명으로 20%에 그친다. 연세대와 고려대 출신도 7%씩이다. 반면 지방대 출신은 25%에 달한다. 최종 학력이 고졸인 임원도 5명이 있다. 삼성전자에서 출세하는 데 출신학교는 고려대상이 안된다는 얘기다.

반도체의 황창규 사장이나 임형규 사장처럼 해외박사도 있지만 애니콜 신화를 이룬 이기태 사장은 국내대학 학사출신이다.

더구나 현 임원 중 35%는 다른 직장이나 학계 등 외부에서 들어온 사람들이다. 사장급만해도 황창규 사장, 권오현 사장(시스템LSI)은 스카우트 돼온 영입파이다.

김부사장은 "급변하는 디지털 시대에 적응하기 위해서는 다양한 교육환경과 경험을 가진 구성원으로 조직되어야 시너지가 높아질 수 있다는 게 인력관리의 기본철학"이라고 설명한다.

이를 실천하기 위해 삼성전자는 인력선발 단계부터 다양한 구성을 지향한다.

1993년만해도 신규직원 661명 모두가 신입사원이었다. 하지만 2000년에는 3,400명 중 26.5%인 900명이 경력직이었다.

2004년에도 총 5,000명을 뽑았지만 이중 24%인 1,200명은 다른 경력을 쌓고 들어오는 직원들이었다.

관리 · 개발 · 영업이 출세길

'삼성전자에서 출세하려면 관리 · 개발 · 영업부서를 거쳐라.'
2005년 1월 초 발표된 삼성그룹의 임원 승진인사를 분석해
보면 삼성의 핵심라인이 확연이 드러난다.

전무급 이상 승진자 39명 중 92%인 36명이 관리 · 개발 ·
마케팅 영업 3개 분야의 전문가 출신이다. 이미 총 6명의 총
괄사장 중 황창규 · 이상완(R&D 및 엔지니어링), 최도석 · 이
현봉(인사), 최지성(반도체 마케팅 및 수출) 등 5명이 3개 분야
에서 배출됐다.

'관리의 삼성'이란 별칭답게 이번 승진에서 가장 두꺼운 층
을 형성한 곳은 역시 기획 · 재무 · 인사 등 스태프 부문이다.
총 17명의 승진자를 배출했다. 김운섭, 안주환 부사장은 각
각 정보통신과 LCD총괄의 살림살이를 맡아왔고 김현덕 부
사장은 회사 전체의 경영기획팀장이다. 김상항, 김준, 박재

2005년 삼성전자 주요 승진자 유형별 분류

분야	사장급	부사장급		전무급		
마케팅 영업	오동진 양해경	허기열		김정한 정인철	백봉주 조규담	윤창현
개발		권혁민 석준형	서광벽 이관수	이재원 김형걸 윤지홍	김경태 윤부근	김필영 정철희
관리		김운섭 안주환	김현덕	김상항 박재중 이범일 정유성 권기섭	김재범 오세영 이병철 조윤영 장형욱	김 준 이근면 이상훈 허영호

중, 이상훈, 이범일, 조윤영 전무 등은 이건희 회장을 지근 거리에서 보좌하는 구조조정본부 소속이다. 이근면, 이병철, 정유성 전무는 인력관리 전문가다.

장형옥 중국법인장 겸 전무도 반도체 인사부문에서 잔뼈가 굵었다. 황창규 반도체총괄 사장의 후예격인 R&D · 디자인 등 개발부문에서도 11명의 승진자를 배출했다. 석준형 LCD 연구소장, 이관수 통신연구소장, 서광벽 시스템LSI개발실장 등이 부사장으로 승진했고, 권희민 디지털솔루션센터장도 삼성전자의 미래를 책임지는 R&D의 핵심이다. 이재원 Device Packaging센터장을 비롯해 김필영(정보통신), 김형걸(LCD), 윤부근(디지털미디어), 정철희(시스템LSI), 윤지홍(디자인) 등 연구원들이 대거 전무로 승진했다.

영업이나 수출을 거친 마케팅 전문가 8명도 중용됐다.

신임 사장 3명 중 오동진 북미총괄사장과 양해경 구주전략본부장 등 2명이 마케팅에서 나왔다. 허기열 중국 총괄 마케팅팀장도 부사장으로 승진했다. 김정한(북미), 백봉주(멕시코), 윤창현(서남아), 조규담(헝가리) 등 4명의 해외법인장도 수출 성과를 바탕으로 전무로 승진했다. 정보통신 부문 수출 책임자인 정인철, 한양희 전무도 중용됐다.

삼성전자뿐만 아니라 삼성SDI, 삼성코닝 등 전자계열사에서도 3개 분야의 중역들이 핵심 위치에 올랐다. 삼성SDI에서 승진한 김재식, 심인수 부사장은 각각 브라운관과 모바일디스플레이 마케팅 책임자다. 삼성코닝의 디스플레이사업부장

인 장도수 전무도 부사장으로 승진하며 회사 내 2인자 자리
에 올랐다.

삼성 직원들은 1등 신랑감

국내 최대 그룹인 삼성의 직원들이 결혼시장에서도 상종가
를 치고 있다. 결혼정보회사인 선우를 통해 결혼이 성사된
삼성그룹 소속 회원은 2005년 초까지 총 300명. 단일 그룹
중 가장 많은 규모이다.

삼성 직원은 남성 244명, 여성 56명으로 이중 38.3%인 115
명은 삼성전자 소속이다.

삼성 직원들은 결혼 전 평균 미팅 횟수도 5.3회로 비삼성 직
원의 평균 7.2회보다 적었다. 삼성에 다닌다는 것만으로도
많이 만나보지 않고도 결혼이 성사된다는 의미이다.

또 미팅 후 거절당한 횟수의 비율도 31.2%로 비삼성 그룹회
원의 33.0%보다 낮았으며, 배우자 직업지수(선호도)에서는
84.9로 약사, 사법연수원생 보다는 낮지만 관세사, 중견기업
부장급과 같은 수준으로 평가됐다.

삼성 직원들이 결혼 상대자로 인기가 높은 것은 직업 안정성
과 함께 삼성 브랜드가 주는 세련된 이미지도 영향을 주었기
때문으로 풀이된다.

최고 대접 받는 직원들

'삼성도 삼성 나름….'

한국 최대 대기업인 삼성그룹 내에서도 계열사별로 연봉차이가 2배에 달했다. 삼성그룹 12월 결산 계열사들이 금융감독원에 제출한 사업보고서를 분석해보면 2004년 최고 연봉을 받은 곳은 당연히 삼성전자. 평균 7,130만 원을 받았다. 삼성전자 직원들의 평균 근속연수는 6.8년차로 이를 감안하면 7~8년차인 고참대리급의 연봉이 7,000만 원을 상회한 것으로 추정할 수 있다.

삼성전자 직원 연봉은 2003년만해도 4,900만 원(평균 7.1년 근속 기준)에 불과했다. 1년만에 45.5%나 급증한 것이다. 사상최대 이익을 낸데 따른 특별상여금과 이익분배로 인한 연봉 증가분의 영향이 컸다. 또 많은 연봉을 받는 R&D부문의 경력직 우수인력이 2004년 대거 영입된 것도 이유이다.

반면 삼성카드 직원들의 2004년 평균 연봉은 3,580만 원에 그쳤다. 평균 근속연수는 5.9년으로 삼성전자보다는 1년 가량이 작다. 삼성카드가 영업직 여사원 비중이 높은 점을 감안해 대졸자가 중심인 남자 직원의 연봉만을 비교해도 7,990만 원(전자)과 4,290만 원(카드)의 큰 차이를 보였다.

삼성카드 직원 봉급이 삼성전자의 절반 수준에 머문 셈이다. 삼성전기와 제일모직도 각 3,879만 원(4.4년차), 4,569만 원(8.3년차)으로 삼성 내에서는 '박봉'이다.

12 소니와의 글로벌 강자연합

01 삼성-소니의 전방위 협력

삼성전자의 경쟁력을 해부하는 데 반드시 언급돼야 할 글로벌 기업이 있다. 바로 일본 최고의 전자업체인 소니다.

세계 전자시장의 최강자로 군림해오던 소니가 삼성전자와 대등한 위치에서 광범위한 분야를 대상으로 손을 잡은 것이다. 소니와의 포괄적인 전략적 제휴는 글로벌 무대에서 삼성전자의 높아진 위상을 재확인하는 것이자 삼성전자의 경쟁력을 더욱 높여주는 의미가 있다.

삼성전자는 최근 몇 년간 세계 전자시장에서 급부상했지만 그 배경은 가격, 브랜드 등을 앞세운 마케팅에 있지 기술력에서는 아직 멀었다는 평가가 다수였다.

불과 10년 전만해도 삼성전자는 소니의 하청업체였다. 소니에서 주문한 TV나 오디오 등을 생산해 소니 브랜드를 붙여 다시 공급하는 OEM(주문자상표부착방식) 생산을 맡았다. 삼성전자 임원이 일본 본사를 찾아가도 소니의 실무과장이나 대리를 만나기도 쉽지 않았다. 하지만 이제 소니는 삼성전자로부터

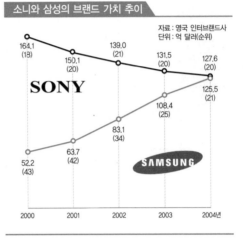

소니와 삼성의 브랜드 가치 추이

자료 : 영국 인터브랜드사
단위 : 억 달러(순위)

SONY
164.1 (18) 150.1 (20) 139.0 (21) 131.5 (20) 127.6 (20)

SAMSUNG
52.2 (43) 63.7 (42) 83.1 (34) 108.4 (25) 125.5 (21)

2000 2001 2002 2003 2004년

LCD패널을 공급받기 위해 돈을 직접 대면서 합작투자를 하게 됐다.

2004년 6월 충남 아산에 있는 삼성전자 LCD 7세대 공장. 소니와 삼성전자가 합작으로 세운 LCD생산업체인 'S-LCD' 출범식이 열렸다. LCD합작으로 삼성전자와 소니의 '강자(强者) 연합' 은 사업 제휴의 선을 넘어서 지분을 공유하는 '혈맹' 으로 발전했다.

이날 출범식에는 이 같은 중요성을 반영해 삼성전자 윤종용 부회장, 이윤우 부회장, 이상완 LCD총괄 사장 등 핵심 경영진은 물론 S-LCD 등기이사로 경영에 직접 참여하게 된 이재용 상무까지 참석했다.

특히 소니측에서는 일본 전자산업의 대부격인 이데이 소니 회장이 핵심임원 60여 명을 이끌고 전세기 편으로 직접 찾아와 감사의 뜻을 표했다. S-LCD는 삼성전자 7세대 라인 일부를 합작사 형태로 바꾼 것으로 '기업 내 기업' 이라는 독특한 형태를 갖췄다.

충남 아산군 탕정면에 소재한
삼성전자 - 소니 합작 LCD공장

LCD 합작 공장 준공식서 우위를
다지는 양사 경영진

양사가 50%씩 출자해 자본금 2조 1,000억 원 규모로 구성됐으며 2005년부터 7세대 TV용 LCD를 생산, 삼성과 소니에 절반씩 공급하고 있다. 양사는 합작사업 성과를 지켜본 후 2006년 하반기 생산이 시작될 8세대 LCD 부문에서도 공동 참여할 가능성이 높다.

LCD 합작사 출범은 '세계 디지털TV 시장의 주도권 확보'와 '삼성-소니 간 전방위 협력'이라는 2가지 의미를 갖는다.

삼성은 LCD 최대 생산기업이며 소니는 디지털TV 최대 판매업체이다. 양사는 이번 결합으로 발전 가능성이 무한한 디지털TV 시장의 표준과 시장 주도권을 확보하게 됐다. 소니는 양질의 안정적인 LCD 공급처를 확보하게 되며 삼성전자는 세계 최대 TV메이커를 통해 LCD 크기의 표준을 장악하는 효과를 얻는 것이다.

특히 TV용 LCD를 공동 사용함으로써 전세계 가전업체들이 각축을 벌이고 있는 디지털TV 화면크기 표준경쟁에서도 소니와 삼성은 공동 보조를 취할 수밖에 없다.

양사의 제휴는 2001년부터 시작됐다. LCD합작으로 차세대 저장

분야	내용	제휴 시기
메모리	소니, 삼성 플래시메모리 구매 삼성, 소니 메모리스틱 채택	2001년 8월 및 2003년 8월
광디스크	블루레이 진영서 협력	2002년 2월
LCD	2조 원 규모 탕정 7-1라인 합작 투자	2003년10월
디지털홈	인텔 MS 등과 디지털홈 표준화기구 결성	2003년 7월
특허공유	2만여 특허에 대해 상호공유	2004년12월

매체, 홈네트워크, LCD, 디지털TV에 이르는 전방위 협력 관계를 구축했다.

삼성과 소니는 2001년 차세대 메모리카드로 소니의 메모리스틱을 채용키로 합의했으며 삼성에서 생산하는 플래시메모리를 소니에 공급하는 제휴도 맺었다.

2003년에는 삼성전자가 휴대폰, 디지털카메라 등에까지 메모리스틱을 채택하는 등 메모리부문 사업제휴를 확대하기도 했다.

홈네트워크 부문에서도 양사는 전세계 홈네트워크 상용화 및 표준을 이끌고 있는 '디지털 리빙네트워크 얼라이언스(DLNA)'에 공동 참여하고 있다.

02 특허도 나눠쓴다

"이번 계약은 삼성전자의 기술력 향상을 입증하는 사건이다.

삼성전자는 불과 10년 전만 해도 저가의 TV, 카세트 라디오, 전자레인지 정도 만들던 업체에 불과했다."〈월스트리트 저널〉

"삼성의 기술력과 보유 특허는 최근 몇년간 급격히 향상돼 왔다. 소니는 삼성과 협력할 필요가 있다는 점을 직시한 것이다."〈로이터〉

2005년 초 삼성전자와 소니는 또한번 세계를 깜짝 놀랄만한 뉴스를 만들어냈다. 자신들이 가지고 있는 특허를 상대방에게 공개해 공동으로 사용한다는 계약을 맺은 것이다.

양사의 공동발표는 양국 언론은 물론 〈월스트리트저널〉, 〈LA타임스〉 심지어 중국의 유력 신문에서도 주요 뉴스로 다뤘다. 그만큼 세계 전자산업을 놀라게 만들기에 충분한 사건이었다. 세계적인 전자업체 2곳이 기업 경쟁력의 핵심인 특허를 공유한다는 자체만으로도 충격적인 일이었다.

이로써 삼성과 소니는 생산, 제품, 마케팅, R&D(연구개발), 특허 등 전방위로 제휴를 맺어 세계 디지털산업의 최강의 강자연합을 구축하게 된 것이다. 이번 특허공유 계약은 최근 반도체와 디스플레이 분야에서 양국 업체간의 특허분쟁이 격화되고 있는 가운데 나온 것이어서 향후 세계 전자산업에 미칠 파장도 만만치 않다.

공유 대상 특허는 소니 1만3,000여 개, 삼성전자 1만1,000여 개 등 총 2만4,000여 개에 달한다. 계약기간은 2008년까지이지만 특허의 잔존기간이 남아 있는 한 갱신을 통해 포괄적 크로스 라이선스 관계가 유지될 예정이다.

다만 삼성의 디지털TV용 DNIe(Digital Natural Image Engine)와 홈네트워크 기술, 소니의 디지털 리얼리티 크리에이션(DRC)과 플레이스테이션(게임기) 기술 등 각사의 독창적인 사업을 위한 특허와 디자인과 관련한 권리는 계약에서 제외돼 있다.

양사의 LCD 합작사를 통해 이미 공유되고 있는 TFT-LCD특허와 삼성전자의 미래사업인 OLED(유기발광다이오드) 관련 특허도 계약에서 빠졌다.

이처럼 양사가 특허공유 계약을 맺게된 것은 세계 전자산업의 디지털 컨버전스화와 네트워크화가 가속되고 있는 추세에 대응해 디지털 기술을 공유함으로써 불필요한 소모를 최소화하고 세계시장의 표준을 주도하자는 의지로 볼 수 있다.

03 소니를 추월한 삼성전자

'거인 소니가 삼성에 손을 내밀었다.'

2005년 7월 25일자 세계적인 일간지인 〈뉴욕타임스〉에 실린 기사제목이다. 세계최고의 전자회사로 평가받던 소니가 저가 전자제품 업체에 불과했던 삼성전자에 신세를 지게 된 스토리를 자세히 다룬 기사였다.

〈뉴욕타임스〉는 기사에서 "삼성과 어떤 관계를 맺지 않으면 심각한 결과를 초래하게 되리라고 생각했다"는 소니 고위인사의 솔직한 발언까지 담았다.

1990년대 중반만해도 소니의 하청업체였던 삼성전자. 하지만 불과 10년도 안돼 삼성전자는 경영실적이나 브랜드가치 등에서 소니를 추월했다.

미국 경제주간지인 〈포천〉이 2004년 경영실적을 토대로 발표한 '세계 500대 기업' 리스트를 보자.

삼성전자는 715억5,000만 달러의 매출을 기록했다. IT기업 가운데 IBM(962억9,000만 달러), 지멘스(914억9,000만 달러), 히타치(839억9,000만 달러), 마쓰시타(810억7,000만 달러), HP(799억 달러)에 이어 6위에 오르며 전년 대비 한 계단 상승했다.

반면 소니는 666억1,000만 달러의 매출을 기록, 7위로 하락하면서 삼성전자가 사상처음으로 매출 면에서 소니를 앞질렀다.

순이익은 이미 월등한 격차를 보이고 있다.

삼성전자가 기록한 100억 달러의 순이익은 IBM(84억3,000만 달러), 마이크로소프트(81억6,000만 달러), 인텔(75억1,000만 달러) 등을 제친 IT기업 중 최대규모이다.

삼성전자는 브랜드 가치에서도 2005년 소니를 추월했다.

'SONY'라는 이름은 워크맨 시절 이후 전세계 젊은이들을 설레게 했던 최고의 전자제품을 뜻했다. 하지만 미국 인터브랜드의 2005년 브랜드가치 평가에서 삼성의 브랜드가치는 세계 20위로 도약한 반면 소니는 28위로 내려앉았다.

이 같은 삼성과 소니의 역전은 실제 거래관계에서도 그대로 반영되고 있다.

소니는 계속해서 악화되는 현금흐름 때문에 신제품 개발이나 대규모 투자에 나설 여력이 부족해지고 있다. 주머니가 넉넉한 삼성의 덕을 봐야 하는 신세가 된 것이다.

삼성과 LCD공장을 합작투자하고 특허도 나눠갖는 협력을 맺는 이면에는 삼성 없이는 부활도 어려운 신세가 된 현실이 놓여 있다.

〈뉴욕타임스〉는 "소니는 삼성전자에 공격적인 태도보다는 적과의 동침을 택한 것은 과거의 영광을 되찾는 길을 선택했기 때문"이라고 설명했다.

소니의 추락에 대한 배경은 여러갈래로 분석되고 있다. 가전 전문회사에서 영화, 음악 등 소프트웨어로 힘을 분산했기 때문이라는 분석도 나온다.

소프트웨어와 하드웨어의 융합 시대를 선도하기 위한 선택이었지만 핵심사업인 가전을 등한시한 결과는 혹독했다. 무엇보다 세계가전시장이 디지털 가전으로 급격히 전환되는 새로운 트렌드를 따라잡지 못한 것이 소니로서는 두고두고 아쉬운 대목이다.

치열한 가격경쟁이 불가피한 시장에서 소니는 디지털 가전의 핵심부품인 LCD패널을 자체 조달할 능력을 갖추질 못했다. 투자시기를 놓친 것이다.

아무리 좋은 제품을 만들어봐야 핵심재료를 활용해 가격을 선도하지 못하면 시장을 장악하기 어려운 곳이 디지털 가전시장이다. 소니가 부랴부랴 삼성을 찾아와 손을 내밀 수밖에 없었던 이유다.

04 소니의 끝없는 구애

일본 소니의 삼성전자에 대한 애정은 상상 이상이다.

소니의 최고 경영자들은 LCD합작회사인 'S-LCD'를 매개로 삼성전자에 대한 깊은 애정을 보여주고 있다.

2004년 7월 15일 이뤄진 S-LCD 출범식에서도 당시 최고 경영자였던 이데이 노부유키 회장이 직접 참석해 삼성과의 합작에 깊은 사의를 표했다. 당시 출범식에는 안도 구니다케 사장, 구다라기 켄 부사장 등 핵심경영진 60여 명이 전세기편으로 총출동했다.

이데이 회장은 축사에서 "세계 최고의 경쟁력을 가진 전자회사와 합작으로 소니의 경쟁력도 한층 높아지게 됐다"며 삼성전자를 치켜세우기도 했다.

이어 2004년 10월에는 오가 노리오 명예회장 부부가 S-LCD를 찾아왔다. S-LCD는 한국과 일본의 대표기업인 삼성전자와 소니가 합작해 2005년 7월 출범한 LCD 생산회사. 2006년 상반기 가동되는 삼성전자 7세대 생산라인 일부를 사용하게 되며 생산량의 절반씩을 양사가 나눠갖는다.

오가 명예회장의 방문은 본래 서울 한남동에 문을 여는 삼성 미술관인 '리움(Leeum)' 개관식에 이건희 회장 초청으로 참석하기 위한 것. 하지만 오가 명예회장은 이날 오전 서울에 도착하자마자 곧바로 탕정단지로 내려갈 정도로 삼성전자와의 LCD 합작사업에 높은 관심을 보였다. 2시간 동안 이뤄진 현장방문에서는

S-LCD의 생산시설 구축현장과 삼성전자가 생산하는 LCD 제품을 둘러봤다. 이상완 삼성전자 LCD총괄 사장, 장원기 S-LCD 사장, 나카자와 CFO 등을 만나 양사간의 성공적인 합작을 당부하고 격려했다.

2005년 들어 삼성과 소니는 이 같은 혈맹 관계에 균열이 생길 위기를 맞았다.

삼성의 절대적인 우군인 이데이 노부유키 회장과 안도 구니타케 사장이 물러난 것이다. 소니가 일본 내의 견제 분위기를 무릅쓰고 삼성전자와 LCD합작을 성사시킬 수 있었던 것은 이들 최고 경영진의 강력한 의지가 절대적인 배경이었다.

이데이 회장은 특히 삼성 이건희 회장과 개인적인 친분도 두텁다. 두 회장은 한두 달에 한 차례씩은 양국을 오가며 직접 만나 골프회동을 가질 정도로 수년간 끈끈한 신뢰관계를 쌓아왔다. 때문에 '이데이-안도' 체제가 무너짐으로써 양사의 협력에도 어떤 식으로든 영향을 받는 게 아니냐는 우려도 나왔다.

삼성과 소니는 7세대 1라인에 합작투자 한 이후에 7-2라인이나 8세대 이후 등 차기 투자에 대한 논의도 해야 하는 등 앞으로 과제들이 많이 남아 있다. 특히 새로 소니를 이끌게 된 하워드 스트링거 회장은 1997년 이후 미국법인을 이끌어왔다. 스트링거 회장에게 있어 삼성전자는 협력대상이기보다 미국 디지털가전 시장에서의 강력한 경쟁자였다.

다행스런 점은 전자부문 총책을 맡은 추바치 료지 신임사장 또한 삼성과의 협력에 적극 참여해온 인물이란 것이다. 추바치 사장은 S-LCD의 등기이사로 활동하고 있다. 삼성전자와 합작사업을 협상할 당시 소니측 실무담당자들 모두 추바치 사장의 직속 부하였다. 추바치 사장은 초기부터 삼성과의 합작을 추진하고 결정하는 위치에 있었던 셈이다.

추바치 사장은 합작이 성사된 이후에도 이사회 참석이나 현안 논의 등을 위해 탕정공장을 수차례 방문했다. 부드럽고 조용한 성품에 폭넓은 대화를 선호하는 인물이라는 게 추바치 사장을 직접 경험한 삼성전자 관계자들의 전언이다. 추바치 사장은 특히 스트링거 부회장과는 독립적으로 전자부문에 재량권을 갖는 것으로 알려져 있다. 삼성과 소니 간 협력은 주로 전자사업에 집중돼 있다.

새 사령탑뿐 아니라 소니는 앞으로도 삼성전자와의 제휴 필요성이 높다는 점도 주목해야 한다. 주력사업인 디지털TV에서 소니는 패널 생산을 직접하지 않기 때문에 안정적인 공급처가 필요하다.

특히 추바치 사장은 1990년대 후반 이후 컴퓨팅 미디어 사업, AV사업, 기술부문 등의 책임을 맡아왔다. 삼성과 협력체제를 구축한 메모리, 디지털홈, DVD 등 사업에 직간접적으로 연결되는 위치이다.

추바치 신임 소니 사장이 한국을 방문, 한남동 소재 삼성 영빈관의 승지원을 찾아와 이건희 회장과 악수를 하고 있다.

생년월일	1947년 9월 4일(57세)
학 력	도호쿠대학 자원공학 박사
경 력	1977년 소니 입사
	1998년 컴퓨팅 미디어사 총괄부장
	1999년 코어테크놀러지앤 네트워크사 부사장 본사 AV미디어 사업부장
	2002년 코어테크놀러지앤 네트워크사 대표 본사 상무
	2003년 마이크로시스템 네트워크사 대표 본사 수석상무
	2004년 본사 부사장

서로의 필요에 의해 이뤄진 삼성과 소니의 제휴는 그래서 경영
진 교체에도 불구하고 한동안 글로벌 전자산업 강자연합으로 남
을 것이다.

13 쌓아둔 돈 7조 원 '삼성은행?'

01 황금 포트폴리오로 위험 분산

삼성전자의 반도체, 정보통신, 디지털가전 등 각 사업부는 세계 1위 기업들보다 영업이익률이 높다. 각 사업부서가 세계 1~2위를 다투는 기업들보다 높은 경쟁력을 확보하고 있기 때문이다. 실제로 삼성전자 각 사업분야는 세계시장에서 모두 지배적 사업자군에 속한다.

반도체는 매출액 기준 시장점유율이 15.1%에 달하는 인텔에 이어 8.6%를 차지해 2위지만 D램은 가장 많이 생산하고 있다.

휴대폰은 노키아(27%), 모토롤라(15%)에 이어 시장점유율 12%로 3위, LCD는 LG필립스LCD(22%)보다 근소하게 앞서는 23%로 1위를 차지하고 있다.

적절하게 짜여진 사업포트폴리오는 '위험 분산'이라는 톡톡한 효과를 가져온다. 2004년 3분기 실적이 대표적이었다.

LCD사업 부문이 당시 패널 가격 급락으로 '직격탄'을 맞았다. LCD부문 2분기 영업이익이 8,200억 원이었는데 3분기에 2,300억 원으로 급감했고 영업이익률(매출액 대비 영업이익)도 33%에서 12.1%로 급락했다. 그야말로 '어닝 쇼크'였지만 D램 부문이 견조한 실적으로 받치며 전체적인 충격을 완충했다.

'반도체-LCD-휴대폰'의 주력사업 삼각 '황금분할'이 주효했기 때문에 가능했던 얘기다.

삼성전자 3개 사업분야(가전 제외)는 각각 매출 2조~5조 원의 초대형 규모다. 한 곳의 실적 악화를 다른 부문에서 보충해 주는 '리스크 분산'이 가능하다. 특히 시장에서는 이들이 '돈 버는 능력'이 뛰어나다는 점에 주목한다.

'문어발' 기업은 전문성을 잃고 사업 효율성이 떨어지기 마련인데 단일 업종 전문기업보다 오히려 영업이익률이 높다.

2005년 1분기(1월~3월) 실적을 비교해보자.

삼성전자 재무정책 개요

재무안정성	배당·자사주	자금운용	투자정책
■목표재무 비율 부채 비율 : 0% 순부채 비율 : -20% 이하 *2003년 말 연결 기준 (금융계열사 제외) 부채비율 : 19% 순부채 비율 : -12%	■배당성향 : 30%선 이상 유지 현금배당, 안정적인 배당 특별한 경우 외 액면가 110%이상 유지 자사주 매입 : 배당성향중 현금배당 외	■보수적 자금운용 원금보장 유동성 확보 운용 리스크 밀착관리 포트폴리오 다각화 시스템에 의한 관리	■전략적 사업에 핵심역량 집중 중장기 비전과 미래수익 창출 기준 ■기존 사업 투자 내부유보 내 실시 투자회수 기간 : 신규 4년, 증설 2년 분기별 점검 조정 투자 실명제 적용

회사명	구분	매출	영업이익	영업이익율	순익
Apple	1~3월	32.4억$	4.02억$	12.4%	2.9억$
	4~6월	35.2억$	4.27억$	12.1%	3.2억$
IBM	1분기	229억$	20.1억$	8.8%	14.02억$
	2분기	222.7억$	18.5억$	8.5%	18.29억$
Intel	1분기	94.3억$	30.3억$	32.1%	21.5억$
	2분기	92.31억$	26.49억$	28.7%	20.38억$
Nokia	1분기	73.96억유로	11.18억유로	15.1%	8.63억유로
	2분기	80.59억유로	10.01억유로	12.5%	7.99억유로
Microsoft	1~3월	96.2억$	33.29억$	34.6%	25.63억$
	4~6월	101.6억$	29.89억$	29.4%	37.0억
Motorola	1분기	81.6억$	8.65억$	10.6%	6.92억$
	2분기	88.3억$	9.82억$	11.1%	9.33억$
삼성전자	1분기	13.81조원	2.15조원	15.6%	1.50조원
	2분기	13.58조원	1.65조원	12.1%	1.69조원

삼성전자는 13조8,100억 원의 매출을 거뒀고 영업이익이 2조 1,500억 원에 달했다. 영업이익률이 15.6%이다. 이 정도 영업이 익률을 거둔 기업은 세계적인 글로벌 IT기업 중 MS(34.6%)와 인 텔(32.1%)을 제외하고는 없다.

컴퓨터의 애플(12.4%)과 IBM(8.8%), 휴대폰의 노키아(15.1%) 모 토롤라(10.6%) 등 부문별로 삼성전자와 경쟁하는 글로벌 IT기업 들 대부분이 뒤처져 있다.

단일품목으로 비교하면 삼성전자가 인텔도 앞서는 것으로 평가 할 수 있다. 삼성전자 반도체사업의 영업이익률은 줄곧 40%대 로 유지해 왔다. 삼성전자와 같이 다변화된 사업구조는 개발 시 대 때는 '문어발'로 평가될 수 있지만 '디지털 컨버전스' 시대에

는 각 부문의 시너지 효과로 오히려 엄청난 부가가치를 가져오
는 수 있다는 분석이 가능하다.

02 돈이 돈을 번다

삼성전자가 확보하고 있는 현금은 2004년 말 기준으로 7조
4,300억 원에 달한다.

일부에서는 이처럼 어마어마한 돈을 쌓아두는 것을 두고 비효율
적이라는 비판도 내놓는다. 하지만 삼성전자가 돈을 가지고 이
익을 벌어들이는 능력을 살펴보면 이 같은 비판은 겉만 보고 이
뤄지는 것임을 알 수 있다.

자본을 활용해 돈을 버는 능력인 자기자본이익률(ROE)은 세계
최고 수준이다.

LG증권이 추정한 2004년 삼성전자 ROE는 21.82%에 달한다.

HP가 8.65%, 모토롤라가 8.09%인 것에 비하면 매우 높다. 인텔
은 20.15%다. 삼성전자는 벌어들이는 돈에 비해 주가가 크게 저
평가된 기업인 점도 눈에 띈다.

이비에비타(EV/EBITDA)를 기준으로 할 때 삼성전자는 7.31배로
인텔(10.56배), IBM(10.55배), 모토롤라(10.52배)에 비해 저평가돼
있다(2004년 10월 현재).

삼성전자가 벌어들이는 세전 영업이익을 7년여만 쌓으면 시장

에서 주식을 모두 살 수 있지만 인텔이나 모토롤라 등은 10년 이상 쌓아야 살 수 있다는 얘기다.

한마디로 삼성전자 주식이 상대적으로 싸다는 설명이다.

전문가들은 삼성전자 성공이 독특한 재무기법에 있다고 진단한다. 김장렬 현대증권 연구위원은 "삼성전자는 불과 5년 전만 해도 휴대폰 매출액이 5%도 안되는 반도체기업이었다"며 "그러나 안정적인 캐시카우에 바탕을 둔 비반도체사업의 성공적인 다변화로 또다른 캐시카우를 만들었다"고 설명했다. 돈을 쌓아둔데다 벌어들일 돈도 많은 삼성전자가 앞으로 어떤 재무기법을 가져갈까. 결론은 '기업가치를 향상시키는 데 쓸 것' 이라는 설명이다.

인텔은 1990년 초 막대한 돈을 쌓기 시작해 1993년부터 본격적인 자사주 매입 프로그램에 돌입했다. 이로 인해 당시 2배에 불과하던 주가수익비율(PER)이 2003년 42배로 급등해 기업가치가 훌쩍 뛰었다.

인텔 자금 운용전략 사례를 삼성전자가 벤치마킹할 것이란 설명이다.

정창원 대우증권 연구위원은 "삼성전자가 연간 3조 원의 자사주를 매입하면 매년 전체 주식 수의 3% 이상이 감소한다"면서 "비교적 유동적인 주식 물량이 10% 수준인 점을 고려하면 이런 자사주 매입으로 주가가 오르고 기업가치가 높아지는 현상은 아주 당연하다"고 설명했다.

03 현금운용은 안정성이 최우선

삼성전자 현금보유고 7조4,300억 원은 매출액의 12.9% 수준
이다. 국내 단일 기업으로는 최대 현금을 확보한 것이다.

지금은 삼성화재로 옮겨간 박상호 삼성전자 전 재무담당 전무는 "1
차 목표인 생존과 2차 안정적인 성장을 위해 기업으로서는 충분한
유동성 확보가 관건"이라며 "삼성전자 매출과 자산 대비 현금 비율
은 마이크로소프트, HP, 인텔, 노키아, 시스코, IBM 등 세계적인
기업이 확보한 현금 규모에 비하면 오히려 낮다"고 설명했다.

실제로 인텔은 매출액의 44%인 143억 달러를 현금으로 확보하
고 있다. 이 규모는 인텔에서 외부 자금조달 없이 최소 1년 이상
회사를 정상운영하고 투자할 수 있는 규모다.

삼성전자는 이런 현금을 관리하는 데 있어 안정성을 최우선으로

삼성전자 국제 재무관리 시스템 구축현황

구 분		참여법인	가동시기	효 과
네팅		55개	2003년 4월	· 금융비용 연 1,200만 달러 절감 · 거래규모 연 96억 달러 감소
풀링	미주	7개	1990년 11월	· 금융비용 연 1,100만 달러 절감 · 차입금 감축 연 53억 달러 · 중국 풀링 : 위탁대출방식
	구주	17개	2003년 3월	
	아주	7개	2003년 3월	
	중국	18개	2001년 11월	
TR		63개	2004년 4월	· 법인 유동성 리스크 상시 대응
FEMS		58개	2002년 8월	· 법인의 환 사고 발생 방지

구분	삼성전자	반도체 기업			통신기업	
		인텔	IT	인피니온	노키아	시스코
보유현금	74	143	39	34	139	89
매출	510	323	124	124	320	220
자산	375	487	164	131	271	352
현금/매출	15	44	32	44	43	40
현금/자산	20	29	25	26	51	25

*2004년 6월 말 기준

두되 언제든지 찾아쓸 수 있도록 유동성 확보에도 관심을 많이 두고 있다.

박전무는 "현금운영은 원금손실이 없는 확정금리부 상품 중심으로 운용하며 언제든지 현금화할 수 있도록 운영하고 있다"며 "은행 70%, 증권 20%, 채권 10% 등으로 분산해 현금운영 위험을 최소화하고 있다"고 말했다.

실제로 삼성전자 현금 8조5,000억 원은 우리은행을 비롯한 주요 은행에 6조3,000억 원(정기예금 5조1,000억 원, 수시입출식 예금 1조2,000억 원)을 맡겨 놓았고 증권과 투신에 1조6,000억 원, 채권에 6,000억 원 등으로 구성돼 있다.

이들 자금 중 일부는 또 자사주 매입 등을 통해 기업가치를 올리는 데 활용되기도 한다.

아울러 2003년 소버린이 SK를 공격했을 당시 일부 주식을 매입해 단기간에 높은 수익을 올린 것처럼 영업확대나 전략적 제휴에 '총알'로 사용되기도 한다.

14 적대적 M&A 가능할까

01 외국인 주주는 밀착관리

"삼성전자의 적대적 인수·합병(M&A)은 현실적으로 어려울 것이다."(공정거래위원회, 참여연대, 열린우리당)

"외국인 주요 주주들이 뭉친다면 단 하루 만에 경영권을 장악할 수 있다."(삼성전자)

2004년 하반기 이후 삼성전자는 적대적 M&A 가능성을 놓고 끝없는 공방을 벌였다. 삼성전자의 주식은 외국인 상위 10개 기관이 의결권 기준으로 20% 이상을 갖고 있

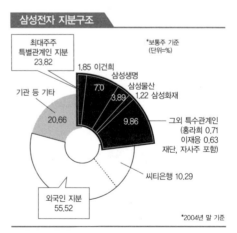

삼성전자 지분구조

최대주주 특별관계인 지분 23.82
기관 등 기타 20.66
외국인 지분 55.52

1.85 이건희
삼성생명 7.0
삼성물산 3.89
삼성화재 1.22
그외 특수관계인 (홍라희 0.71 이재용 0.63 재단, 자사주 포함) 9.86
씨티은행 10.29

*보통주 기준 (단위=%)
*2004년 말 기준

다. 여기에다 실체 파악이 안된 펀드와 외국계 C은행에 DR 형태로 보유된 지분까지 합하면 30%가 넘는다. 이 지분율은 삼성측 총지분(17.3%)과 국내 개인과 기관이 보유한 지분을 모두 합친 것보다 많다.

특히 공정거래위원회에서 금융계열사 의결권 한도를 2008년까지 15% 이내로 축소하면 삼성전자의 경영권은 최악의 상황에 빠질 수도 있다.

한 주의 주식이 아쉬운 상황에서 금융계열사 의결권 제한이 확정되면 사실상 대응할 수 있는 방법이 없기 때문이다. 삼성전자는 그래서 정부에서 적대적 M&A가 이뤄지지 않도록 합리적이고 바람직한 제도적 장치를 마련해 줘야 한다고 누차 강조해왔다.

적대적 M&A 방지 장치로는 현실적으로 적용하기 어려운 것으로 판명이 난 차등의결권 부여 외에 △냉각기간제 도입 △공개매수시 신주발행 허용방안 등이 거론되고 있다. 물론 외국계편

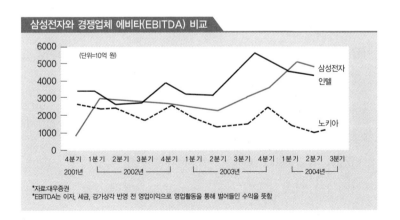

삼성전자와 경쟁업체 에비타(EBITDA) 비교

6000
5000
4000
3000
2000
1000
0

(단위=10억 원)

삼성전자
인텔
노키아

4분기 1분기 2분기 3분기 4분기 1분기 2분기 3분기 4분기 1분기 2분기 3분기
2001년 ┗━━ 2002년 ━━┛ ┗━━ 2003년 ━━┛ ┗━ 2004년 ━┛

*자료:대우증권
*EBITDA는 이자, 세금, 감가상각 반영 전 영업이익으로 영업활동을 통해 벌어들인 수익을 뜻함

드들의 담합 가능성이 희박하다는 점에서 삼성전자측이 엄살을 피우고 있다는 반론도 만만치 않다.

삼성전자는 특히 9만9,367명에 이르는 주주 중 50만 주 이상 주식을 보유한 주주들을 특별 주주로 분류해 그들과 24시간 대화 채널을 가동하고 있다.

실제로 윤종용 삼성전자 부회장, 최도석 총괄 재무담당사장, 주우식 IR팀장 등 주요 경영진은 주주들이 부르는 곳이면 어디든 달려간다. 미국, 홍콩, 싱가포르, 유럽 등 주요 지역뿐만 아니라 중남미, 중동까지도 찾아간다. 미국 주요 주주측인 캐피털 그룹측이 2004년 9월 서울 신라호텔로 불렀을 때도 윤부회장 등은 모든 일을 제쳐놓고 만나 경영현황을 설명했다.

삼성전자는 이때 캐피털을 비롯한 주주들에게 자사주 매입과 배당계획 등도 밝혔다. 자사주 매입계획 등은 투자자들 처지에서는 군침이 도는 호재들이다. 이 정보가 전달된 시점이 국내 소액주주는 물론 기관들에 알려주는 시점보다 빨랐다는 이유로 공정공시를 위반한 게 아니냐는 논란을 제기되기도 했다.

어쨌든 삼성전자는 주요 주주로 참여하고 있는 외국인 주주들의 눈치를 보지 않을 수 없다.

외국인 주주 중에는 중장기에 걸친 투자자들도 있지만 1년 미만에 차익을 먹고 튀는 전략을 가진 헤지펀드들도 꽤 있는 것으로 알려졌다. 일부 펀드 중에는 삼성전자에 이사회 전 주요 사안을 통보해달라고 요구하기도 하고 이사직과 고배당 압박도 넣는다. 실제로 미국 C펀드측은 2000년 3월 사외이사 선임을 요구해 이를 관철시켰다. 다른 펀드도 사외이사를 요구해 삼성전자측의 완곡한 설득으로 양해하기도 했다.

외국계 펀드가 삼성전자 본사를 미국으로 옮기라고 툭하면 요구한 것도 사실 주가를 올려 차액을 챙기려는 의도에서 나온 것으로 볼 수 있다.

구재상 미래에셋자산운용 사장은 "외국인들이 삼성전자에 지나치게 높은 배당을 요구하는 것은 내일 먹고 살 곳에 투자해야 할 동력을 미리 빼 먹겠다는 것"이라며 "이는 삼성전자 미래나 중장기 투자에 결코 바람직하지 않은 만큼 이에 대한 견제장치를 마련해둘 필요가 있다"고 지적했다.

02 전략적 주가관리

삼성전자는 막대한 현금력을 동원해 전략적인 주가 관리를 한다. 2000년 이후 6차례의 자사주 매입에서 총 8조195억 원을 풀어 주가를 떠받쳤다.

주가 관리는 극히 전략적이어서 증시에선 '자사주 매입과 배당 정책을 보면 향후 몇달간 삼성전자 주가 향방은 빤히 보인다'는 말이 나올 정도다.

삼성전자는 2004년 하반기에도 2조 원을 풀어 400만 주의 자사주 보통주를 매입했다. 당초 시장에선 1조~1조5,000억 원을 예

일시	내용	보통주	우선주	실제 취득 금액
2000. 10. 16	자기주식 취득결의	300	40	5,323
2002. 3. 25	자기주식 취득결의	133	21	5,491
2002. 8. 2	자기주식 취득결의	266	40	9,456
2003. 3. 7	주식소각 결의	310	47	9,779
2003. 10. 17	주식소각 결의	215	33	10,432
2004. 4. 7	주식소각 결의	306	26	19,714
2004. 9. 13	자기주식 취득결의	400	0	–

삼성전자 자사주 매입 현황 (단위=만 주·억 원)

*자료=삼성전자

상했는데 예상 밖이어서 주가가 발표 당일에 '반짝' 급등하기도
했다.

하지만 이 같은 자사주매입 발표는 엉뚱하게 비화되기도 한다.
투자자들은 반색하지만 전문가들은 "앞으로 발표될 실적이 예상
보다 안 좋은가 보다"고 추측한다. '어닝쇼크'를 예상하고 이를
뒷받침하기 위해 자사주 매입용 실탄을 비축한다는 것이다.

실제 당시 대규모 자사주 매입 발표 때도 이 같은 추측은 들어맞
았다. 2004년 3분기 실적을 결산해보니 당초 3조5,000억 원으로
예상됐던 영업이익이 2조 원대로 폭삭 가라앉은 것.

삼성전자측은 실적발표 전후로 하루에 20만 주, 10만 주씩 나눠
가며 자사주를 매입해 주가를 받쳤다. 외국인들은 삼성전자 주
식을 1조2,000억 원대나 팔았고 이 매물을 거의 자사주로 받아
냈다. 8조5,000억 원의 '돈'이 위력을 발하는 대목이다.

삼성전자는 주가 관리가 너무 전략적이어서 가끔 '주주를 무시
한다'는 지적도 나온다.

구분	보통주 (천주)	지분율 (%)	의결권 기준(%)		2004년 주총 결과(%)	
			지분율	누계	참석률	비중(누계)
C사(미국)	7,314	4.8	5.8	5.8	93.7	8.1
1~10대 주주	27,761	18.3	21.9	21.9	90.8	30.0(30.0)
11~20대 주주	9,635	6.3	7.6	29.5	48.8	5.6(35.6)
21~30대 주주	5,365	3.5	4.2	33.8	26.0	1.7(37.3)
10만주 이상	11,246	7.4	8.9	42.6	66.5	8.9(46.2)
기타	33,207	21.8	26.3	68.9	62.5	24.6(70.8)
외국 주주 총계	87,214	57.4	68.9	–	68.3	70.8

이건희 회장 등 최대주주 일가의 경영권에만 도움이 되는 방식으로 주가를 관리한다는 지적이다. 2004년 9월 자사주 매입 때도 보통주만 매입하기로 결정했다.

경영권 적대적 인수·합병(M&A) 논란이 일던 와중이어서 '스톡옵션용 보통주'를 2조 원이나 풀어 임직원에게 나눠주는 것은 논란을 빚을 만했다.

특히 기업이 일군 과실(순이익)을 배분하는 방법에 △주주에게 직접 나눠주는 '배당'과 △주가를 올려서 간접적으로 나눠주는 '자사주 매입' 방식이 있는데 보통주만 매입하면 배당에 의존하는 우선주 주주들에겐 피해를 주는 것으로 해석할 수 있다.

배당이 예상보다 줄어들 가능성이 있기 때문이다. 이를 반영한 탓인지 자사주 매입이 의결되면 삼성전자 우선주를 별로 빛을 보지 못했다.

PART 2

2010년
인텔 추월한다

1 반도체 세계 1위를 향한 진군

"2010년에는 세계 정상에 오르겠다."

2005년 9월 29일, 삼성전자가 세계최대 규모의 반도체단지인 화성 2단지의 첫 삽을 뜬 기공식이 경기도 화성 현장에서 열렸다. 이 자리에서 황창규 삼성전자 반도체총괄 사장은 오랫동안 마음속 깊은 곳에 담아두었던 야망을 대외적으로 천명했다. 반도체에서 세계정상에 오른다는 목표는 바꿔말해 반도체에서 세계 1위 기업인 인텔을 추월하겠다는 말이다.

삼성전자가 인텔을 추월하는 시점을 구체화하기는 이때가 처음이었다. 사실 그동안 삼성전자는 '반도체 세계 1위'라는 목표를 공개적으로 언급하길 꺼려왔다. 인텔은 삼성전자의 큰 고객이자 굳건한 제휴관계에 있는 기업이다. 동업자를 경쟁자로 바꿔놓기란 쉽지 않은 일이다.

세계 반도체시장의 80% 이상을 차지하는 비메모리시장을 장악하고 있는 인텔을 넘보는 것 자체도 무리였다. 인텔은 1992년부터 2004년까지 13년 연속 세계 1위를 고수하고 있다. 삼성전자는 2002년 이후 2위 자리를 지키고 있지만 2004년 매출액은 163억 달러로 인텔(307억 달러)의 절반 수준에 그쳤다. 2배나 매출이 많은 인텔을 앞으로 5년 안에 추월하겠다는 것이다.

삼성전자는 기흥과 화성을 연결하는 '한국판 실리콘 밸리'의 밑그림을 그리면서 인텔 추월의 자신감을 가진 것으로 볼 수 있다. 7년간 34조6,500억 원이 투자되는 화성 2단지가 건설되면 삼성전자는 기흥과 화성을 잇는 세계최대의 반도체 클러스터를 확보하게 된다. 29만 평의 화성 반도체 2단지가 완공되는 2012년에는 48만 평의 화성단지와 10km 떨어진 기흥(43만 평)이 연계돼 총 91만 평의 세계 최대규모 반도체 생산기지가 탄생한다. 새로 구축되는 화성 2단지에는 총 8개 생산라인과 차세대 연구개발(R&D)라인이 가동된다. 기존의 기흥라인과 화성 1단지를 합치면 모두 24개의 라인이 된다.

생산량에서도 세계최대 규모이다. 특히 새로 들어서는 신규라인은 삼성전자가 확보한 세계최고 수준의 반도체 기술이 적용된다. 화성 2라인은 8기가바이트(Gb) 이상의 대용량 낸드 플래시 등 차세대 첨단 제품을 생산할 수 있는 12인치 이상 웨이퍼를 적용한다.

4개 건물 중 2개 건물은 현재 상용화한 12인치 웨이퍼보다 큰 16인치나 18인치급 대형 웨이퍼 도입을 감안해 라인규모를 대폭 확대할 계획이다. 웨이퍼 크기가 커질수록 생산성은 한층 확대된다.

생산품목에서도 삼성전자는 메모리의 한계를 벗어나고 있다. 삼성전자는 급성장하고 있는 모바일용 반도체를 집중 육성해 메모리-비메모리의 동반 성장에 '올인' 한다는 전략을 이미 실행하고 있다.

비메모리인 시스템LSI 분야를 집중 육성해 디지털 컨버전스(융·복합)에 대비해 확보한 다양한 제품과 기술을 활용하면 CPU(중앙처리장치)에 대한 의존도가 높은 인텔보다 우위에 설 수 있다는 자신감을 갖게 된 것이다.

기흥과 화성단지를 합친 한국판 실리콘 벨리는 고객의 어떠한 요구에도 대응할 수 있는 솔루션을 제공하는 종합반도체 회사로 도약하는 터전이 된다. 삼성전자는 1단계로 2006년 상반기까지 12인치 메모리 라인인 15라인의 건설을 완료할 예정이다. 연구인력을 포함한 우수인력을 지속적으로 확충해 2012년까지 신규 인력 1만4,000명을 채용해 첨단 나노기술을 선도할 계획이다.

2012년 반도체 매출목표도 610억 달러로 정해놨다. 목표를 달성하려면 삼성전자 반도체 부문은 매년 40% 이상 고성장을 해야 한다. 삼성전자 반도체 부문의 매출 성장률이 2003년 22%, 2004년에는 54%였으니 그리 무모한 목표도 아니다. 인텔의 매출 성장률은 12~13%대에 그치고 있어 성장속도에서는 삼성전자의 절반에도 못 미친다. 현재의 성장속도만 유지돼도 5년 내 두 회사의 매출은 비슷한 수준이 된다.

하지만 과연 삼성전자가 외형만 키운다고 세계 반도체 1위의 목표를 달성할 수 있을까. 콩알만한 반도체 하나로 세계 반도체시

장은 물론 세계 IT(정보기술)시장까지 주물러온 인텔의 경쟁력까
지도 추월할 수 있을까.

그동안 반도체뿐만 아니라 다양한 산업에서 한국 기업들은 글로
벌 1위를 향한 거센 진군을 펼쳐왔다. 무한 경쟁으로 치닫는 글
로벌 무대에서 가장 확실한 생존 전략은 최고의 위치에 오르는
것이기 때문이다. 경쟁에서 뒤졌다가는 가차 없이 도태되는 게
게임의 법칙이다.

한국의 대표적인 제품 중 D램, LNG선, CDMA휴대폰 등은 이미
그 위치에 올랐고 가전, 철강, 화학 등에서는 아직은 월드 베스
트를 향한 힘겨운 싸움이 진행되고 있다. 시대가 바뀌면서 1등
이 되기 위한 필요조건이 복잡해졌기 때문이다.

과거처럼 막대한 투자로 외형만 키워서는 1등에 오르기도 힘들
지만 설령 1등에 올라도 언제 자리를 다시 내줘야 할지도 모른

삼성전자는 2005년 9월 29일 화성 2단지 반도체공장 기공식을 갖고
세계 최대 반도체기업을 향한 진군을 시작했다.

다. 앞선 기술력이나 마케팅 능력은 기본이다. 디자인, 생산, 스피드, 조직, 인력 등 어느 것 하나도 부족해서는 안 된다.

시장은 지배했지만 기술에서는 종주국을 뛰어넘지 못한 분야도 수두룩하다. 이 경우 많이 팔아봐야 종주국에 로열티를 내고 나면 별반 남는 게 없다. PDP, LCD 등에서 세계 1위에 오른 디스플레이 분야가 대표적인 사례다.

삼성전자는 '인텔 추월'의 꿈을 키우면서 추월 대상인 인텔에 대한 철저한 분석과 벤치마킹을 병행해왔다. 경영, 생산, R&D, 구매, 인력관리, 기업문화, 마케팅 등 전 분야에서 인텔의 강점과 경쟁력을 샅샅이 파악해 배울 건 배우고, 극복할 것은 극복하자는 전략이다.

2 플랫폼 VS 솔루션 전략

"우리는 컴퓨팅과 통신의 융합(Convergence)을 위해 지속적인 혁신을 이뤄갈 것이다"(크레이그 배럿 인텔 전 CEO).

"디지털 컨버전스 시대를 맞아 기술력과 신제품 개발을 통해 세계적인 종합반도체 회사로 도약하겠다"(황창규 삼성전자 반도체총괄 사장).

크레이그 배럿 전 CEO

인텔은 비메모리반도체인 CPU(중앙집중처리장치)를 장악하면서 30년 가까이 세계 1등의 자리를 지켜왔다. 삼성전자는 메모리반도체의 D램에서 13년간 아성을 구축하고 있다. 분야가 엄연히 다르지만 세계 1, 2위의 반도체기업 CEO들이 제시한 지향점은 '디지털 컨버전스'로 모

황창규 사장

아진다.

하나의 기기나 서비스에 통신, 방송, 전자 등 모든 정보통신기술이 융합되는 새로운 IT산업의 변화를 맞아 인텔과 삼성전자도 중요한 변혁기를 맞고 있는 것이다.

인텔 'PC에서 디지털 기기로'

인텔의 칩은 그동안 주로 PC용이었다.

하지만 PC산업이 정체기로 들어간 반면 TV, DVD플레이어, 오디오, 각종 모바일 제품 등 컴퓨팅과 네트워킹 기능을 갖춘 디지털 기기가 대거 등장하면서 전략적 전환이 불가피해졌다.

인텔이 컴퓨팅과 네트워킹할 수 있는 모든 장치에 자사의 칩과 기술을 집어넣어야 지속적인 성장을 기대할 수 있는 시대가 됐다.

컴퓨터칩에 무선통신 기능을 접합하는 전략이 대표적인 변화다.

인텔은 2004년에 '퍼스널 서버' 기술을 발표하기도 했다.

기존 개인용 PC에서 핵심적인 데이터 저장장치만 간편하게 휴대하고 키보드, 모니터 등 나머지 입출력 장치는 빌려서 사용하는 '주머니 속의 PC'이다. 저장장치와 나머지 장비와의 연결의 핵심은 무선통신 기술이다.

모든 정보기기에 라디오(RF) 기능을 넣는다는 계획도 갖고 있다.

모든 반도체에 RF 기능을 접목하도록 CMOS 프로세스 기반의 실리콘 라디오를 상용화한다는 것이다. 디지털 컨버전스 시대에 소비자의 요구를 충족하기 위한 변신이다.

인텔은 이를 위해 '플랫폼(Platform)' 전략을 마련했다.
과거에는 CPU, 칩셋, 플래시메모리 등 단품 위주의 개발-생
산-판매가 이뤄졌다. 앞으로는 이를 한데 묶어 모든 디지털기
기를 움직일 수 있는 플랫폼을 제공하겠다는 것이다. 각 제품을
개별적으로 판매하는 것에 비해 부가가치가 높은 것은 물론 PC
외 통신, 정보가전 등 모든 디지털 기기에 적용할 수 있다
플랫폼 전략은 2003년 상반기 모바일 기술을 강화한 노트북 전
용 플랫폼인 '센트리노'를 출시하면서 처음 시도됐다. 센트리노
는 한국시장만해도 2년만에 노트북의 80% 이상을 차지하며 대
성공을 거두고 있다. 자신감을 얻은 인텔은 2005년 초 센트리노
의 후속작인 '소노마'를 내놨다.
2005년 3월 초 열린 춘계개발자회의에서 배럿 전 CEO는 "데스
크톱, 서버, 모바일 등 전 사업영역으로 플랫폼 전략을 확대하겠

인텔의 플랫폼 중심 조직 체계

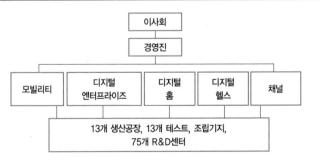

다"고 선언했다.

데스크톱용으로는 'CPU-칩세트-통신 칩' 등을 패키지로 묶은 '앵커 크릭'이 2005년 중에 나온다. 2006년에는 노트북용 듀얼코어 제품인 '요나', 차세대 컨셉 PC인 '제피로스' 등의 플랫폼도 예정돼 있다.

CPU와 조직부터 바꾼다

플랫폼 전략을 뒷받침하기 위해 2가지의 중요한 변신이 이뤄지고 있다.

하나는 핵심제품인 CPU를 '듀얼코어' 방식으로 전환하는 것이다. 듀얼코어란 단일 프로세서 내에 코어 2개가 내장된 프로세서를 말한다. 본체는 하나이지만 두뇌는 2개인 PC가 가능하다. 기존보다 2배 많은 데이타를 처리하기 때문에 PC 고유기능뿐 아니라 비디오, 게임 등 다양한 엔터테인먼트를 제공할 수 있다. 듀얼코어 방식 CPU는 '펜티엄D'란 명칭으로 2005년 2분기에 출시돼 '펜티엄4'를 대체할 예정이다.

동시에 조직개편도 단행했다.

통신, 데스크톱, 모바일PC, 서버 등 4개 사업부문을 모빌러티 (Mobility), 디지털 엔터프라이즈, 디지털홈, 디지털헬스, 채널 등 5개 부문으로 개편했다.

모빌러티는 노트북과 PDA 등 휴대용 컴퓨터기기, 디지털 엔터프라이즈는 기업용 컴퓨팅과 통신 인프라가 담당 분야다. 디지털홈은 가전과 가정용 오락기기를 위한 제품, 디지털헬스는 의료기기 등을 맡는다. 그리고 그룹 전체의 마케팅을 총괄하는 채널부문이 별도 부문으로 만들어졌다. 제품 중심에서 사업영역 중심으로 조직을 뒤흔들었다.

하워드 하이 인텔 전략홍보 이사는 "칩과 통신모뎀 등 제품이 모든 영역의 핵심 제품으로 들어가는 이상 각 영역별로 플랫폼 중심의 개발과 마케팅을 전개하기 위한 개편"이라고 설명했다.

삼성의 토탈 솔루션 전략

삼성전자는 디지털 컨버전스라는 변혁에 대응하는 것은 물론 메모리시장의 한계를 극복하는 과제도 안고 있다.

D램, 플래시메모리 등의 메모리시장은 전체 반도체시장의 20%에 불과하다. 이 시장을 모두 차지해봐야 세계 반도체 1위 등극을 기대하긴 무리다. 이를 위해 디지털 컨버전스를 대비해 확보한 다양한 제품과 기술을 활용하는 '솔루션' 전략을 마련했다.

삼성전자는 D램, 플래시메모리, 모바일프로세서, DDI(디스플레이 구동칩), 이미지센서 등 5개 분야에서 수천 종의 반도체를 생산하고 있다. 이를 활용해 어떠한 요구에도 대응할 수 있는 솔루션을 제공하는 종합 반도체회사로 도약한다는 게 중장기 계획이다.

회사측의 목표는 '모바일 분야에서 토탈솔루션 제공능력을 갖춘 유일한 반도체회사'이다. 이중 D램, S램, 플래시메모리, DDI(디스플레이 구동칩), MCP(다중칩) 등에서는 세계 1위까지 올라섰다. 2007년까지 CIS(CMOS 이미지센서), 옵티컬 플레이어(Optical Player) SoC, 스마트카드칩, 모바일 CPU 등 5개 부문도 1위로 육성할 계획이다.

'모바일반도체' 최강자를 향해

2005년 3월 말 대만에서 열린 삼성모바일솔루션(SMS) 포럼은 삼성전자의 이 같은 의지가 그대로 드러난 회의였다.

전세계 반도체 관련 부품, 소재기업과 반도체를 사용하는 업체들을 모아놓고 황창규 사장은 모바일반도체를 집중 육성하겠다는 의지를 밝혔다. 모바일용 반도체 매출 비중을 2008년까지 전체 매출의 50%로 올리겠다는 목표도 제시됐다.

그동안은 메모리분야의 1등 기업으로 성장했지만 메모리분야에서 확보한 경쟁력과 노하우를 바탕으로 비메모리 분야로 영역을

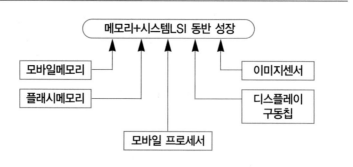

삼성전자 모바일솔루션 전략

메모리+시스템LSI 동반 성장

모바일메모리
플래시메모리
모바일 프로세서
이미지센서
디스플레이 구동칩

확장하겠다는 것이다.

모바일반도체 중 삼성이 집중하는 분야는 모바일CPU이다. 모바일CPU는 휴대폰, PDA, 스마트폰 등 이동성이 강조되는 디지털기기의 두뇌에 해당한다. 디지털기기의 융골복합화가 심화될수록 CPU의 기술적 가치는 더욱 높아진다.

2003년 세계 최고속인 533㎒ 모바일CPU를 내놓은데 이어 2004년 667㎒ 제품 개발에도 성공하면서 기술력도 세계적으로 인정받았다. 그리고 SMS포럼에서는 512M 모바일 D램 2개를 적층한 세계 최대용량의 1G 모바일 DDR D램을 처음 공개하기도 했다.

복합 다중 관계, 삼성-인텔

인텔과 삼성은 세계 1, 2위의 반도체 기업들답게 복잡한 관계를 맺고 있다.

플래시메모리와 모바일CPU 등 특정제품에서는 뜨겁게 경쟁을 펼치는 경쟁사이지만 디지털홈 분야에서는 서로 세계표준을 만들어가는 협력자이다. 또 인텔은 삼성의 D램, 삼성은 인텔의 CPU를 사들이는 메이저 고객이자 공급업체로 얽혀 있다.

양사가 경쟁하는 대표적인 분야는 플래시메모리이다. 삼성은 낸드형, 인텔은 노어형에서 선두기업이다.

전체 플래시메모리 시장을 놓고 보면 2004년 삼성전자는

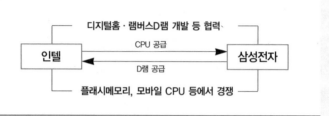

인텔-삼성전자의 복합 관계

디지털홈 · 램버스D램 개발 등 협력

인텔 — CPU 공급 → 삼성전자

인텔 ← D램 공급 — 삼성전자

플래시메모리, 모바일 CPU 등에서 경쟁

39억9,400만 달러의 매출(점유율 25.1%)을 올려 세계 1위에 올랐고 인텔은 22억8,500만 달러(점유율 14.4%)로 4위 기업이다.

특히 그동안 플래시메모리 시장의 60%를 차지했던 노어형을 낸드형이 추월할 것이 확실시되기 때문에 앞으로 삼성과 인텔 간 플래시메모리 시장을 겨냥한 경쟁은 더욱 치열해질 수밖에 없다.

모바일CPU에서도 양사의 경쟁이 불가피하다. 비메모리 분야인 CPU시장은 본래 인텔의 아성이다. 하지만 비메모리반도체 시장 진출 의지가 강력한 삼성은 이중 모바일CPU 만큼은 양보할 수 없다는 태세다.

반면 차세대 디지털시장인 디지털홈 시장에서 양사는 표준기술을 만들어 시장을 확대해가는 데 공동보조를 취하고 있다. 양사는 소니, IBM 등 190여 개 IT기업이 참여하는 디지털홈 표준기구인 '디지털 리빙 네트워크 연합(Digital Living Network Alliance)'을 주도하고 있다.

인텔과 삼성은 또 자본을 섞은 혈맹(血盟) 관계이기도 하다.

인텔은 1999년 삼성전자 전환사채 1억 달러어치를 매입했다. 램버스 D램 개발을 지원해 안정적으로 공급받기 위해서였다. 이에 앞서 삼성전자의 미국 반도체 생산기지인 오스틴 공장 지분에 참여하기도 했다.

제품 측면에서 양사는 서로의 중요한 고객이다.

삼성전자의 D램은 인텔이 제조하는 칩셋의 핵심부품이다. D램은 인텔의 자체 인증을 받아야 공급이 가능한데 삼성전자는 늘상 최초의 인증 공급업체가 돼 왔다. DDR, DDR2 등 인텔 칩셋의 핵심으로 들어가는 D램은 양사가 개발 과정부터 협력할 정도다. 반대로 국내 최대 PC업체인 삼성전자는 인텔의 CPU를 채택하고 있다.

연초 인텔이 출시한 '소노마' 플랫폼을 노트북에 가장 먼저 채택한 업체도 삼성전자이다. 삼성전자는 2003년 3월 인텔이 처음으로 노트북 전용 플랫폼인 '센트리노'를 내놓았을 때도 최초의 채택업체가 됐다.

상대방 강점은 배운다

"5년 전만해도 삼성전자는 우리의 우려 대상이 아니었으나 상황이 달라졌다. 인텔은 삼성전자를 지속적으로 주시해야 한다."

크레이그 배럿으로부터 CEO의 바통을 넘겨받은 폴 오텔리니 사장이 2004년 11월 외신과의 인터뷰에서 한 발언이다.

오텔리니 사장은 2005년 5월에 정식 CEO로 취임했다. 새 사령탑으로 지명된 직후 가장 먼저 언급한 기업이 삼성전자다. 그만큼 인텔이 삼성전자의 성장을 주목하고 있다는 의미이다.

실제 인텔 본사에서 만난 하워드 하이 전략홍보담당 이사는 "삼성전자에 대해 벤치마킹을 하고 있다"고 설명했다. 그는 "글로벌 무대에서 급성장하거나 경쟁품목을 내놓는 기업에 대한 조사 차원"이라고 의미를 축소했지만 급성장한 삼성전자가 세계최고 반도체기업인 인텔에 시사하는 점이 있다는 것이다.

아그네스 콴 언론담당 홍보부장도 "삼성전자의 혁신, 비전 등을 배울 필요가 있으며 디지털시장에 대한 빠른 대응능력과 마케팅 능력도 벤치마킹 대상"이라고 덧붙였다.

인텔 역시 삼성전자에게는 좋은 벤치마킹 기업이다. 30년 이상 세계 반도체시장을 지배해온 기술 리더십은 삼성뿐 아니라 모든 반도체기업이 배워야 할 대목이다.

삼성전자 기흥사업장에는 이 같은 기술 리더십을 벤치마킹하는 팀도 가동되고 있다. 대표적인 사례가 삼성전자가 2004년부터 시작한 모바일솔루션(SMS) 포럼이다.

2005년 3월 2회째 행사가 대만에서 열린 SMS포럼은 삼성전자가 반도체업계 리더로서 새로운 IT 패러다임과 기술, 제품 트렌드를 제시하기 위해 창설한 대회이다. 세계 반도체, 휴

대폰, PDA업체들을 상대로 미래의 기술개발 계획을 제시함
으로써 시장과 기술 주도권을 확보하겠다는 목적이다.

인텔이 1990년대 초부터 진행하고 있는 인텔개발자회의와
유사한 성격이다.

천양지차, 후계자 선정

"극적인 상황이나 충격은 없다."

2005년 5월 폴 오텔리니 신임 CEO가 경영을 맡기 전 인텔
사람들이 한결같이 말하던 대답이다. 글로벌 기업을 새로 이
끌어가기 위해서는 엄청난 경험과 시간이 필요한데 오텔리
니가 과연 잘 해낼 수 있을까하는 의구심이 적지 않았다.

하지만 오텔리니는 2년여 동안 CEO 훈련을 받아온 말 그대
로 준비된 경영자였다.

미리 차기 CEO를 선정해놓고 준비기간을 부여하는 인텔의
독특한 경영권 승계 전통 때문이었다.

오텔리니 CEO가 차기 CEO로 내정된 것은 2002년 말이다.

오텔리니는 IT기업인 인텔에서 처음으로 탄생하는 인문계
출신 CEO다. 전임 CEO들이 반도체 분야의 세계적인 전문
가들이었던 것과 비교하면 인텔의 최고경영자로서 기술적
지식이 부족한 게 아니냐는 걱정이 드는 것도 사실이었다.

이를 보완하기 위해 오텔리니는 네트워크에서부터 마이크로

프로세서 설계에 이르기까지 다양한 기술교육을 받았다. 하워드 하이 인텔 홍보이사는 "태생만 이공계가 아닐 뿐 오텔리니는 충분한 기술적 지식과 노하우를 습득해왔다"고 설명한다.

이전 CEO들도 비슷한 과정을 거쳤다.

직전 CEO인 크레이그 배럿도 1990년대 중반 이사회에서 후계자로 낙점받은 뒤 1998년 CEO로 취임했다. 이 과정에서 배럿씨는 전임 CEO였던 앤디 그로브 현 회장과 함께 사실상 CEO 업무를 분담했다. 그로브 회장도 비슷한 과정을 거쳐 인텔 공동 창업자인 로버트 로이스와 고든 무어에 이어 3대 CEO가 됐다.

CEO를 선발하는 과정도 충분한 토론과 선별을 거친다.

인텔 이사회는 매년 1월 20여 명의 임원 명단을 받은 뒤 여러 차례 회의를 거쳐 차기 CEO를 가려낸다. CEO 재목을 미리 가려내 갑작스러운 CEO 교체에 따른 공백을 줄이기 위해서다.

1989년부터 인텔 이사를 맡고 있는 하버드 경영대학원의 데이비드 요피 교수는 "인텔 이사회는 10년째 CEO 교체를 논의하고 있다"며 "CEO 선택이 이사회의 가장 큰 임무"라고 말했다.

이렇게 선발된 후계자는 CEO와 상호 보완적 위치에서 업무를 진행한다. 우리나라 같으면 차기 CEO에 직원들이 몰릴 게 당연하다. 이른바 레임덕 현상이 나타나겠지만 인텔은 이를 방지하기 위해 두 사람의 담당 업무와 책임의 일부를 분리하고 일부를 겹치게 함으로써 절묘한 조화를 이뤄놓는다. 레임덕도 방지하고 위기 상황에서 상대방을 더욱 효과적으로 지원할 수 있기 때문이다.

오텔리니는 후계자 시절 COO(최고 운영책임자)를 맡았다. 인텔이 전 세계적으로 운영중인 생산 시설에 대한 예산관리 업무를 맡게 되면서 배럿 현 CEO의 업무 부담을 줄여줬다.

어깨가 가벼워진 배럿은 회사 내부 업무 대신 미국 정계에서 연구개발(R&D) 정책 로비와 핵심 고객 방문 등 외부 업무에 초점을 맞춰 회사 전체의 이익을 추구할 수 있었다. 점진적인 CEO 교체를 통한 '시너지 효과'를 톡톡히 보고 있는 셈이다.

반면 삼성의 CEO 선발과정은 다분히 깜짝쇼로 표현할 수 있다. 반도체 부문만 놓고 보면 현 CEO인 황창규 사장이 언제까지 이 자리를 맡을지 누가 바통을 이어갈지 전혀 예상을 할 수 없다.

물론 황창규 사장 밑에 권오현 사장, 김재덕 사장을 비롯한 쟁쟁한 예상후보들이 커가고 있다. 이들은 비메모리반도체, 생산부문 등 각자 맡은 부문의 경쟁력을 높이는 선의의 경쟁을 벌임으로써 최고경영자 자리를 향한 시험을 받고 있다.

삼성전자 전체의 경영을 책임지고 있는 윤종용 부회장의 자리도 마찬가지다.

각 총괄별 책임자인 CEO들이 이 자리를 향한 선의의 경쟁을 펼치고 있다. 최도석 사장(경영지원), 황창규 사장(반도체), 이기태 사장(통신), 최지성 사장(디지털미디어), 이해봉 사장(생활가전) 등을 후보로 거론할 수 있지만 최종 결과는 어느 누구도 예상할 수 없다.

삼성의 CEO는 그룹 오너인 이건희 회장의 최종 낙점이 결정적이다. 이사회를 거치긴 하지만 이회장의 결정을 추인하는 기능 이상은 없다.

3 글로벌 분산 vs 클러스터 생산

샌프란시스코에서 남쪽으로 40분 거리인 실리콘밸리의 중심지, 산타클라라시.

세계 IT의 심장부를 관통하는 101번 고속도로에서 빠져나와 5분 정도 지나면 인텔 본사가 있는 미션칼리지 블루버드에 다다른다.

2005년 2월 인텔과 삼성전자의 경쟁력을 비교, 취재하기 위해 실리콘밸리를 찾아갔다. 한국의 삼성전자 기흥사업장을 생각하며 거대한 공장을 찾았지만 아담한 건물들만 띄엄띄엄 눈에 들어왔다. 파란색 바탕에 흰글씨로 씌여진 'intel'이란 정문 표지판이 없었더라면 그냥 지나칠 수밖에 없었다. 뒤로는 6층 높이의 유리 건물이 초록빛 나무에 둘러싸여 손님을 맞이할 뿐이다. 나중에야 뒤쪽으로 작은 규모의 생산라인이 있는 것을 알았다.

"공장은 어디에 있냐"고 묻자 안내를 맞은 아그네스 콴 홍보부장은 "세계 곳곳에(Worldwide)"라고 짧게 대답한다.

페어차일드에서 일하던 로버트 노이스와 고든 무어는 1968년 자기코어 메모리를 대체할 LSI메모리를 만들어보자며 '인티그레이티드 일렉트로닉스(Integrated Electronics)'란 회사를 차렸다. 곧바로 'Intel'로 이름을 줄인 이 회사는 페어차일드 인근의 유니온카바이드 공장을 임대해 웨이퍼 가공라인을 깔았다. 인텔의 첫 공장이자 고향인 실리콘밸리에 세워진 마지막 공장이었다. 그로부터 36년간 인텔은 전세계 7개국에 공장을 설립했다. 공장만 13개의 반도체 생산라인과 13개의 조립 및 테스트 라인에 이른다. 미국 내에만 주공장인 오레곤 힐스보로 공장을 위시해 애리조나 챈들러, 캘리포니아 산타클라라, 콜로라도 스프링스, 매사추세츠 허드슨, 뉴멕시코 리오란초, 워싱턴 듀퐁 등 7개 지역이다.

인텔 글로벌 생산기지

152

동부, 서부, 남부, 중서부 등 지역적으로도 적절히 안배했다. 세계적으로도 아시아, 유럽, 중남미, 중동으로 퍼져있다.

중국 상해, 코스타리카 산호세, 아일랜드 레익스립, 이스라엘 예루살렘과 키리앗 가트. 말레이시아 쿨림과 페낭. 필리핀 카비테 등이다. 이스라엘과 말레이시아는 같은 국가 내에서도 공장을 분리해놨다. 전 세계에 설립된 연구소도 75개에 이른다.

리스크 분산이 주 목적

"지진 때문입니다. 조그마한 진동에도 민감한 반도체 생산라인은 지진에 취약할 수밖에 없죠."

하워드 하이 전략홍보 이사의 대답은 솔직하고도 간단했다.

샌프란시스코 지역은 20세기 들어 7도 이상의 대지진이 2차례나 빚어질 정도의 지진 지대이다. 자그마한 진동에도 불량이 날 수밖에 없는 초미세 가공산업인 반도체에게는 매우 취약한 지역이다.

하이 이사는 "글로벌 분산 전략에 힘입어 어떠한 상황이 발생해도 세계 모든 고객에게 필요한 제품을 안정적으로 공급할 수 있는 체제를 갖추게 됐다"고 설명했다. 다만 반도체 산업은 기술과 설비 집약적 산업으로 생산설비, R&D, 마케팅 등이 한 곳에 집중될수록 시너지가 높다.

하이 이사는 "하지만 글로벌 분산을 통해 세계적으로 흩어져 있는 인재를 확보하고 활용할 수 있는 긍정적 측면도 많다"고 강조했다.

특히 75개에 이르는 R&D기지가 이 같은 인재확보의 핵심 창구라는 설명이다.

인텔이 이처럼 R&D기지를 분산하는 것은 지역별로 특화된 R&D 능력을 확보해 현지화 제품을 개발하기 위한 목적도 크다. 일례로 우리나라 분당에 건설하기로 결정한 인텔 R&D센터는 한국이 세계적으로 앞서가고 있는 무선통신과 디지털홈 분야에 특화돼 있다.

삼성전자의 클러스터 전략

경부고속도로 기흥IC에서 빠져나와 서쪽으로 5분만 달리면 왼편 언덕위에 거대한 공장이 눈에 들어온다. 삼성전자 기흥사업장이다. 삼성전자 반도체의 생산설비와 연구소, 업무시설들이 모두 모여 있다. 이른바 '클러스터' 전략이다.

관세문제를 해결하기 위한 미국 텍사스 오스틴 공장, 중국시장 확대를 위한 쑤저우 조립공장 등이 예외일 뿐이다.

기흥사업장이 43만 평에 이르고 화성사업장이 30만 평이다. 기흥에 D램, 플래시메모리, 시스템LSI를 생산하는 1~9라인과 14라인 배치돼 있고 10~13라인까지는 화성사업장이다. 15~20라인을 배치하기 위해 건설을 추진중인 17만 평 규모의 화성2단지도 기흥단지와 바로 연결된다.

반도체기술연구소뿐 아니라 기초기술을 연구하는 삼성종합기술원도 기흥사업장 내에 위치해 있다. 2만4,000여 명에 달하는 반도체 관련 전문인력들이 차로 20분 거리 내에 모두 밀집해 있다. 1983년 이병철 창업주가 기흥에 반도체 공장을 착공한 이래 지속돼온 전략이다.

시너지의 극대화

황창규 삼성전자 사장은 수시로 생산라인이나 연구소에서 스탠딩 미팅을 갖는다. 굳이 사장실에 앉아 있을 이유가 없다. 현안이 발생한 현장에 본인이 달려가 종합기술연구소의 기초기술 전문가, 반도체 R&D요원, 라인의 엔지니어와 공정기술 전문가, 상품기획 담당자, 의사결정 책임자 등을 모은다. 국내에 내로라하는 반도체 전문가들을 소집하는 데 10~20분이면 족하다.
삼성전자가 기흥 주변으로 반도체 관련 생산설비와 연구소, 업무시설 등을 집적화하는 것은 이 같은 시너지 때문이다. 이러한 빠른 의사결정은 경쟁력 강화로 이어진다.
삼성전자 이승백 부장은 "미국, 일본, 대만 등 세계적인 반도체 기업중 이 같은 클러스터 전략을 활용할 수 있는 곳이 드물다"며 "삼성전자 반도체 급성장의 든든한 뒷받침이 돼왔다"고 설명했다.
제품 개발에서도 삼성전자는 클러스터 효과를 톡톡히 보고 있다. 메모리와 시스템LSI 등 서로 다른 분야의 연구원들의 협업이 가능하기 때문이다. 최근 2~3년간 급성장한 메모리카드 사업이 대표적이다. 기흥 반도체연구소에서 메모리부문을, 수원 Soc연구소에서 컨트롤러 부문을 맡아 새로운 제품을 만들어냈다.

인텔 Copy Exactly

공장을 곳곳에 분산하다보면 가장 큰 문제가 품질의 균등화이다. 사람의 손에 의해 만들어지기 때문에 숙련도와 기술에 따라 동일한 제품이라도 공장별로 완성도와 불량률이 다를 수밖에 없다.

인텔은 글로벌 분산전략을 채택하면서 이 같은 한계를 극복하기 위해 'Copy Exactly'라는 독특한 경영시스템을 도입했다. 말 그대로 R&D, 생산 등은 물론 사무실 책상 크기와 복사기 위치까지 전세계 사업장의 모든 것을 동일한 기준으로 구성한다는 게 기본 내용이다.

초기에는 생산라인에서 적용됐다.

게일 둔다스(Gail Dundas) 인텔 기업홍보 담당이사는 "개발라인에서 완성된 신제품을 양산라인으로 옮겨가 생산을 시작해보면 개발단계의 품질을 얻어내지 못하는 경우가 많았다"며 "이를 극복하기 위해 개발라인의 모든 것을 그대로 양산라인에 적용하는 데부터 시작됐다"고 설명했다.

신제품을 개발하는 과정에 적용했던 생산 프로세스, 장비세트, 부품공급사, 클린룸, 작업자 교육방법까지 모든 것을

'카피'해 그대로
양산라인을 구축
한 것이다.
양산초기 단계의
시간낭비를 줄이
고 수율을 올리는
효과는 바로 나타
났다.

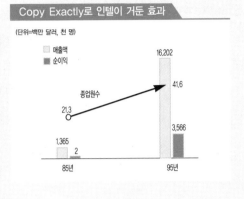

Copy Exactly로 인텔이 거둔 효과

(단위=백만 달러, 천 명)

매출액
순이익
종업원수
21.3
41.6
16,202
1,365
2
3,566
85년   95년

실제 처음 제도가 적용된 1985년 매출액은 13억6,500만 달러였는데 제도가 정착된 1995년에는 162억200만 달러로 10배이상 뛰었다. 순이익은 200만 달러에서 3,566만 달러까지 성장했다.

하지만 같은 기간 종업원수는 2만1,300명에서 4만1,600명으로 2배 정도 증가하는 데 그쳤다.

둔다스 이사는 "전세계 공장에서 같은 품목에 한해서는 동일한 장비와 매뉴얼을 통해 생산하게 됐다"며 "이는 투자비 절감, 불량률 감소, 교육비 감소 등 재무적 효과로 나타나 1인당 생산성이 급격히 좋아졌다"고 설명했다.

'Copy Exactly'의 장점은 생산라인에 문제가 발생했을 때 해결도 쉽다는 것이다.

둔다스 이사는 "가령 말레이시아 공장에서 발생한 문제점은 전세계의 공통된 해결과제가 된다"며 "모든 생산설비의 동일한 품질은 물론 생산라인의 시행착오를 줄이는 효과를 보고 있다"고 덧붙였다. 또 미국공장에서 생산과정에 있던 웨이퍼를 이스라엘 공장으로 옮겨가 생산해도 전혀 문제가 없는 품질의 최종제품이 나온다는 설명이다.

둔다스 이사는 "Copy Exactly 제도가 있는 한 어느 한 곳에서 문제가 생겨도 생산차질로 인한 피해를 최소화할 수 있다"고 강조했다.

제품별 대결선 삼성이 인텔 앞서

'순위는 뒤지지만 메달수는 더 많다.'

세계 1위의 반도체 회사는 분명 인텔이다. 삼성전자는 메모리에서는 세계 1등이지만 반도체 전체로 보면 2위에 머물러 있다. 하지만 이것은 매출규모로 따진 순위. 워낙 비메모리 시장이 크다보니 삼성이 외형에서 밀리는 건 어쩔 수 없는 노릇이다.

하지만 삼성전자의 강점이 드러나는 대목은 품목별 비교에서다. 양사가 부딪히는 경쟁품목별로 맞대결을 펼쳐서는 오히려 삼성전자가 인텔을 앞서왔다.

전체 매출은 뒤지지만 제품을 만들어내고 파는 기술력과 마케팅 능력에서 삼성전자가 부족함이 없다는 의미이다.

인텔과 삼성전자은 주력 제품은 다르지만 플래시메모리, MCP(다중칩), 모바일CPU 등 3개 분야에서는 직접 경쟁하는 위치에 있다. 이 중 삼성전자는 플래시메모리와 MCP에서 인텔을 앞서며 세계 1위에 올랐고 모바일CPU에서만 아직 인텔을 따라잡지 못하고 있다.

플래시메모리는 2002년까지만 해도 인텔의 아성이었다. 하지만 삼성전자가 2003년 처음 1위로 올라서며 인텔을 제쳤고 2004년 40억 달러의 매출을 올려 세계시장의 25.1%를 차지하며 2년 연속 1위를 차지했다. 반면 2004년 인텔은 22억 8,000만 달러(점유율 14.4%)의 매출을 거두는데 그쳐 AMD(24억 달러), 도시바(23억 달러)에 이어 4위로 밀렸다.

이처럼 삼성과 인텔의 순위가 크게 바뀐 것은 양사의 주력인 낸드형과 노어형의 시장판도가 다르기 때문이다. 노어형은 읽기속도가 빠른 장점은 있지만 카메라폰, 디지털카메라, MP3, USB드라이버 등 큰 용량을 필요로 하는 디지털기기가 확산되면서 대용량에서 유리한 낸드형의 인기가 높아지고 있다.

IC인사이츠는 2004년 세계 플래시메모리 시장을 노어가 59%, 낸드가 41%씩 차지했지만 2005년 하반기를 기점으로 낸드의 점유율이 51%를 기록, 노어를 처음으로 추월할 것으로 전망하고 있다. MCP는 2004년 삼성전자가 처음으로 인텔을 추월해 세계 1위에 오른 분야다.

MCP는 다양한 메모리칩을 한개의 패키지에 쌓아올린 제품으로 D램, S램, 플래시, Ut램 등을 효율적으로 집적하기 때문에 공간과 크기를 줄여야 하는 휴대폰 등 소형 디지털기기에 주로 사용된다.

이 같은 장점 때문에 2004년 42억 달러인 세계시장 규모가 2008년에는 76억 달러로 급성장할 것으로 전망된다. 이 시장에서 삼성전자는 2004년 12억2,000만 달러로 점유율 29%를 차지하며 처음으로 세계 1위에 올랐다. 인텔 매출은 8억 4,000억 원(20%)으로 추산되고 있다.

삼성은 MCP 시장에서 기술력이나 마케팅에서도 세계 최고 수준을 인정받고 있다.

삼성은 2005년부터 소형 디지털기기의 명가(名家)인 일본 소니의 휴대용 게임기 '플레이스테이션 포터블'에 MCP 공급을 시작했다. 또 종전에는 6층만 쌓을 수 있던 기록을 깨고 8층으로 메모리칩을 쌓은 다중칩을 세계 최초로 개발하기도 했다.

이 제품은 1Gb 낸드플래시와 256Mb 모바일 D램을 비롯한 8개 칩을 1개에 담아 세계 최대인 3.2기가비트의 용량을 구현할 수 있다. 각 칩의 두께를 머리카락 굵기의 절반수준인 50미크론(㎛)으로 최소화할 수 있는 공정기술이 있었기에 가능한 제품이다.

다만 아직 모바일CPU의 경우 인텔의 아성이 굳건하다. 삼성전자가 집중 육성하는 모바일반도체의 핵심이지만 분야가 마이크로프로세서인 만큼 인텔의 독주가 쉽게 무너지지 않고 있다.

정확한 시장통계가 나오지 않았지만 업계에서는 1위 인텔,

2위 TI에 이어 삼성이 3위에 위치한 것으로 분석한다. 하지만 삼성전자는 2007년에 이 부문에서도 인텔을 제치고 세계 1위에 오른다는 목표를 세워놓고 있다.

이처럼 제품 개발력과 마케팅 능력에서 인텔을 앞서는 삼성전자의 강점은 종합 반도체회사로 도약하는 데 든든한 밑바탕이 되고 있다.

4 경쟁형 R&D vs 네트워크 R&D

캘리포니아주 산타클라라에 있는 인텔 본사에는 'People and Practices Research Lab'이란 문패를 단 연구실이 있다. 이름 그대로 인간행동연구소이다.

소속 연구원도 재료공학, 전기공학 등 반도체 관련 이공계 전문가들이 아니다. 인류학, 종족학, 심리학 등을 전공한 인문계 박사들이 즐비하다.

반도체를 만드는 인텔이 인류학자로 구성된 R&D(연구개발)팀을 가동하는 이유는 무엇일까.

하워드 하이 인텔 전략홍보 담당이사는 "우리 R&D의 목표는 반도체가 아니라 소비자들이 이용하는 최종 제품이기 때문"이라고 설명한다.

인류학자까지 가세하는 인텔 R&D

　'말레이시아 국민들은 하루에도 몇 번씩 메카를 향해 기도를 한다. 낯선 곳에서 메카 방향을 찾아주는 데 휴대폰이 유용하다. 이쪽 휴대폰에 들어가는 칩에는 방향찾기 기능을 강화해야 한다. 한국과 호주는 도시거주 비율, 휴대폰 사용인구 비율, PC보급율 등이 비슷하지만 초고속인터넷망은 천양지차다. 한국은 디지털홈이 착근할 수 있는 좋은 토양이다.'

인텔 경영진들은 2004년 봄, 인간행동연구소로부터 이 같은 내용의 보고서를 받았다. 아시아 7개국 19개 도시에서 2년간에 걸쳐 연구한 아시아의 지역별 문화풍습 보고서다. 스탠포드대 인류학과 교수출신인 제너비브 벨 선임연구원이 이끄는 팀이 도시를 돌며 주민들과 수주간씩 생활을 하면서 보고 느끼고 대화한 것을 그대로 정리했다.

반도체 기업에서 이 같은 문화풍습 보고서가 왜 필요할까.

하이 이사는 "급변하는 디지털세상에서 어떠한 새로운 기기가 출현할지를 예측해야만 반도체에 대한 R&D가 가능하다"며 "문화와 생활양식에 대한 연구는 새로운 반도체를 개발하기 위한 밑그림"이라고 강조했다.

디지털 세상을 창조함으로써 반도체 기술과 제품을 선도해온 인텔의 R&D 경쟁력이다.

인텔의 주력생산품목은 반도체이다. 그렇다면 R&D의 주력대상은 어디일까.

물론 새로운 반도체를 만드는 작업이 중심이며 주력이다. 하지만 이에 못지 않게 자원과 인력을 투입하는 부문은 휴대폰, TV 등 각종 디지털기기이다. 새로운 디지털기기의 출현을 예상하지 못한다면 반도체는 아무 의미가 없다. 최종수요제품이 디지털기기인 이상 이를 연구하고 대비하는 것은 당연하다.

이 같은 R&D방향은 인텔이 만드는 콩알만한 반도체칩 하나가 전세계 디지털기기 시장의 트렌드를 바꿔놓을 정도가 됐다. 단적인 예가 2005년 들어 세계 IT산업에 일고 있는 커다란 변화이다. PC업계는 엔터테인먼트 기능이 강화된 소노마 노트북을 앞다퉈 출시하고 있다. D램시장에서는 속도와 전력소모에서 강점이 있는 DDR2의 수요가 급증하면서 DDR2는 가격이 크게 떨어지고 있다.

이처럼 수조 원씩에 달하는 PC와 메모리 반도체시장을 뒤흔든 제품이 바로 인텔이 내놓은 '소노마'라는 작은 칩셋이다.

마틴 레이놀즈 가트너 수석연구원은 "인텔은 직접 소비자에게 제품을 팔지는 않지만 궁극적으로는 소비자를 위한 기술개발을 한다"며 "디지털 기기의 방향을 제시할 수 있는 능력이야말로 인텔의 최고 경쟁력"이라고 평가했다.

인텔은 이 같은 목표를 달성하기 위해 세계 IT시장의 표준을 장악하는 전략도 병행한다. 디지털기기의 표준을 장악함으로써 자사의 칩셋이 채택될 수 있는 분야를 확대하기 위해서다. 삼성전자, 소니, 히타치 등 글로벌 IT기업들이 참여하는 디지털홈 표준화 기구인 'DLNA'의 주도기업은 반도체 회사인 인텔이다.

PC, DVD 플레이어, 셋탑박스, 고화질TV 등 그 사이에 고선명 디지털 접속이 가능토록하는 광대역 디지털 컨텐츠 프로텍션(HDCP)에서도 표준활동을 전개한다.

디지털홈을 위해 특정 기기를 사용할 때 자기인식과 구성이 가능토록 하는 기술인 유니버설 플러그 앤 플레이(UPnP) 표준도 인텔이 IT업계와의 협력체제를 통해 개발한 규약이다.

4개 연구소를 중심으로 한 경쟁체제

인텔은 세계에 75개 이상의 R&D센터를 두고 7,000여 명의 고급인력을 배치해놓고 있다.

이 중 핵심은 오레곤주 알로하연구소와 캘리포니아주 산타클라라연구소이다. 인텔의 양대 연구기지는 서로 경쟁과 역할분담을 통해 개발 속도경쟁을 펼쳐왔다.

단순한 경쟁만이 아니라 역할분담도 절묘히 이뤄진다. 알로하연구소는 486, 펜티엄II, 펜티엄4 등 짝수세대의 기본모델을 개발해왔다. 산타클라라연구소는 386, 펜티엄I, III 등 홀수세대 제품의 산실이다. 병행개발체제를 갖춘 것이다.

양대 연구소는 개발 프로젝트를 완료한 후 곧바로 차차세대 제

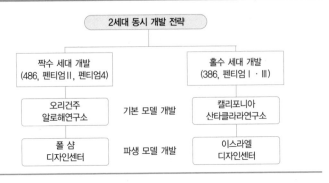

2세대 동시 개발 전략

짝수 세대 개발 (486, 펜티엄 II, 펜티엄4)		홀수 세대 개발 (386, 펜티엄 I · III)
오리건주 알로해연구소	기본 모델 개발	캘리포니아 산타클라라연구소
폴 샴 디자인센터	파생 모델 개발	이스라엘 디자인센터

품으로 넘어가 새로운 연구가 가능하다. 이렇게 개발된 기본모델은 또다시 다른 R&D센터로 옮겨져 파생모델 개발이 이뤄진다. 산타클라라연구소 개발제품은 이스라엘에 있는 디자인센터에서 파생모델이 만들어지며, 알로하연구소 제품은 캘리포니아주 폴샴 디자인센터가 담당한다.

연구인력이나 시설에 대한 대규모 투자가 필요한 전략이지만 R&D 속도를 높여 시장을 선점하는 것이 더 큰 이익을 창출한다는 판단에서 이뤄진 R&D시스템이다.

삼성 R&D의 근간은 '속도'

빠른 R&D를 통한 시장선점 전략은 삼성전자도 마찬가지다. 후발주자로 D램시장에 뛰어든 삼성전자는 일찌감치 R&D의 경쟁체제를 구축했다.

1983년 세계에서 3번째로 독자기술에 의해 완성된 64K D램을 개발하던 당시 삼성은 256K D램의 개발을 동시에 진행했다. 256K D램에서는 개발에 실패할 경우를 대비해 외국기업으로부터 기술도입도 동시에 추진됐다.

64K D램이 나온 지 1년 만에 256K D램을 만들며 세계를 놀라게 했던 비결이다. 1M D램에서는 본격적인 경쟁체제에 들어갔다. 미국 현지법인의 기술진과 국내 기술진이 동시에 개발을 추진한 것이다.

병렬개발시스템은 경쟁을 통해 개발속도를 높이는 효과뿐 아니라 한쪽이 실패해도 다른쪽에서 성공함으로써 실패 확률을 낮출 수 있는 '위험회피전략'이다.

1M D램에 이어 4M D램에서 국내팀이 개발경쟁에서 승리했고, 이후 삼성은 해외팀을 폐쇄하고 국내 반도체연구소로 R&D를 일원화했다.

하지만 국내로 통합된 이후에도 경쟁체제를 지속되고 있다. 반도체연구소 내에서도 팀을 나누어 각기 다른 세대의 R&D를 담당한다. 한쪽에서 1G D램을 개발하고 다른 팀에서는 2G를 맡는 형식이다.

2001년 세계최초로 1G 플래시메모리를 내놓은 지 1년만에 2G 플래시메모리 개발에 성공할 수 있었던 배경에는 이 같은 경쟁체제와 속도전략이 깔려 있다.

삼성전자 R&D의 또다른 강점은 수직-수평으로 네트워크화
돼 있는 방대한 R&D시스템이다.

삼성전자 반도체총괄 내의 연구조직은 반도체연구소, SoC연구
소와 그 밑에 있는 각종 개발실이다. 이들은 모두 순수하게 반도
체 연구를 담당한다.

하지만 삼성그룹에는 중장기 R&D과제를 수행하고 원천기술과
차차세대 기술을 개발하는 종합기술원이 있다. 10년 후의 미래
사업의 그림을 그리는 곳이다. 어느 누구도 상용화하지 못한
DNA칩, 카본나노튜브칩 등의 개발이 이곳에서 진행되고 있다.
여기서 사업화 가능성이 있다고 판단되면 반도체연구소나 SoC
연구소로 내려와 본격적인 제품개발에 들어간다. 제품의 기본골
격이 완성되면 다시 각종 개발실이 이를 양산하는 데 필요한 기
술을 확보해 사업화 단계로 이르게 된다.

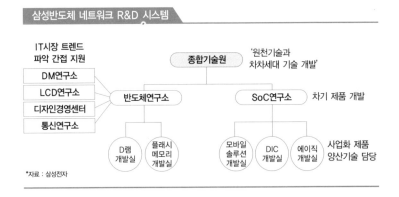

*자료 : 삼성전자

삼성전자는 또 수평적인 R&D지원이 이뤄진다. 인텔은 자체적으로 사회, 인문과학 분야의 연구를 진행하지만 삼성 반도체총괄의 경우 회사 내의 다른 연구소의 자원을 충분히 활용할 수 있다.

예컨대 DM연구소에서 고안한 3~5년 후 유행할 차세대 MP3 모델은 차세대 D램과 플래시메모리를 개발하는 기초자료로 활용된다. 디자인경영센터가 필드서베이(Field Survey)를 통해 만들어낸 5년 후 출현할 새로운 디지털기기도 반도체 개발의 밑바탕이 될 수 있다.

기술 리더십 확보 전략

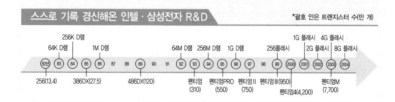

인텔은 초대 CEO인 로버트 노이스부터 고든 무어, 앤디 그로브를 거쳐 2005년 5월 CEO자리에서 물러난 크레이그 배럿까지 모두 4명의 CEO를 배출했다. 이들의 공통점은 모두 세계적인 명성을 가진 반도체 전문가라는 점이다.

무어는 유명한 '무어의 법칙'이란 반도체 이론까지 만들어냈다. 스탠포드대 재료공학 교수였던 배럿은 수많은 특허를 직접 보유하고 있으며 논문과 저서도 수없이 많다.

이들이 후배 연구원들에게 지속해서 강조해온 정신이 'Cannibalism(식인주의)' 이다.

단어만으로는 섬뜩하게도 '내 자식은 내가 잡아먹는다' 는 뜻이지만 치열한 생존경쟁이 펼쳐지는 글로벌 IT경쟁에서 인텔이 30년 이상 기술 리더십을 유지해온 비결이다.

하워드 하이 전략홍보담당 이사는 "빠르게 새로운 기술이 등장하는 IT산업에서 우리 제품과 기술을 다른 기업에 의해 무력화되는 순간 회사의 존립은 위태로워진다"며 "이것을 막으려면 내 자식은 내가 잡아먹어야 한다는 위기감으로 R&D를 해야 한다"고 설명했다.

실제 인텔은 1971년 최초의 마이크로프로세서인 '4004' 를 출시한 이래 2~4년에 한 번씩은 속도와 집적도가 향상시키고 크기는 줄어든 신제품을 내놓았다. AMD를 비롯한 경쟁업체들이 인텔을 추월한 사례는 극히 드물다.

차세대 제품을 신속히 개발. 스스로 세대교체를 야기함으로써 후발업체의 추격을 막고 독점적 지위를 유지하는 것이 인텔 R&D의 기본 전략이다.

이 과정을 통해 4004에서 1개의 칩에 불과 2,300개만 들어갈 수 있었던 트랜지스터수는 펜티엄M에서는 7,700만 개로 3만 배 이상 늘어났다. CPU 속도도 100KHz에서 3GHz로 엄청난 발전이 이뤄졌다.

창업 초기부터 지녔던 '내 자신의 기록을 뛰어넘어야 살 수 있다' 는 위기의식과 1등주의의 산물이다.

하이 이사는 "디지털 컨버전스가 심화되면서 이제 경쟁상대가 반도체회사에서 디지털산업 전반으로 확대됐다"며 "이럴수록 R&D에서 선점전략은 절대적으로 필요하다"고 강조했다.

자신의 기록을 갱신해오는 R&D 역사는 삼성전자도 마찬가지다.

1982년 반도체 사업 본격화를 선언한 지 1년만에 세계 최초로 64K D램을 개발한 이후 삼성전자는 D램 부문에서 모두 6차례나 자신의 기록을 뒤집었다. 1996년에는 1G D램을 처음 내놓으며 '기가' 시대를 열었다. 이 기록은 8년간 깨지지 않았다가 지난해 삼성전자 스스로 2G D램을 내놓으며 경신했다.

불황일수록 투자와 R&D 확대

세계 양대 반도체업체답게 인텔과 삼성전자 모두 왕성한 투자의욕을 갖고 있다. 특히 경쟁사들이 몸을 움츠리는 불황기일수록 양사는 공격적인 투자로 후발업체와의 격차를 벌리고 있다.

자신의 분야를 장기간 지배하며 축적한 현금이 있었기에 가능한 일이다. 대부분 기업은 불황이 오면 공격적인 투자에 나서지 못한다. 불황이 얼마나 오래갈 지 얼마나 혹독한 시련을 겪을지 모르기 때문에 현금을 함부로 쓸 수 없다.

하지만 선발업체는 이때가 호기이다. 넉넉한 현금을 갖고 있기 때문에 투자에 나설 여력이 충분하다. 불황기는 각종 장비와 재료비, 인건비도 싸진다. 상대적으로 적은 비용으로 투자를 할 수 있다.

결국 선발업체는 후발 경쟁사가 투자에 나서지 못하는 시점에 격차를 더욱 벌려 시장 지배권을 강화하는 '선순환'을 이어갈 수 있는 것이다.

양사가 똑같이 불황을 겪은 시기는 2001년. 기업들이 Y2K에 대비한 IT투자를 마무리한 탓에 세계 전반의 IT산업이 극심한 고통을 겪었다. 2000년 337억 달러에 달했던 인텔의 매출도 2001년에는 265억 원으로 줄었다. 순이익은 105억 달러에서 13억 달러로 10분의 1이 됐다. 하지만 총 투자는 150억 달러에서 181억 달러로 20%나 늘어났다. 2001년 R&D투자도 38억 달러로 전년에 비해 크게 줄지 않았다.

삼성전자 역시 2000년 34조3,000억 원에서 2001년 32조4,000억 원으로 외형이 줄었고 순이익은 6조 원에서 2조9,400억 원으로 반토막이 났지만 R&D투자는 2조 원에서 2조4,000억 원으로 늘렸다.

다만 R&D에 대한 의지만큼은 인텔이 삼성전자를 앞선다. 매출에서 R&D투자가 차지하는 비중이 인텔은 2000년 11.6%에 이어 2001년부터는 줄곧 14%대를 유지해왔다.

2004년의 경우 340억 달러 매출에 48억 달러(비중 14.1%)의 R&D가 이뤄졌다. 삼성전자의 R&D 비중은 2000년 5.8%에서 5.9%(2001년), 7.1%(2002년), 8.1%(2003년), 8.3%(2004년) 순으로 꾸준히 증가하고 있지만 10%에도 못미친다.

삼성전자는 2005년에도 58조7,000억 원의 매출에 5조4,000억 원의 R&D를 계획하고 있다. 매출의 9.2% 정도가 R&D에 투입되는 것으로 인텔과 비교할 때 아직은 부족하다.

5 이코노미 타는 회장 vs 전용기 타는 임원

01 수평 문화와 권위적 문화

미국 캘리포니아주 산타클라라시에 있는 인텔 본사 5층.
기자의 안내를 맡은 아그네스 콴(Agnes CK Kwan) 홍보부장은
"여기가 앤디 그로브 회장의 집무실"이라며 어깨 높이의 칸막이
에 둘러싸인 공간을 가리켰다.

세계 최고의 글로벌 기업 회장의 집무실이라면 엄청난 크기에
반짝이는 대리석으로 꾸며진 화려한 공간을 갖추는 게 당연할
것이다. 하지만 그로브 회장의 집무실은 이 같은 기대를 무참히
깨버렸다.

보통 크기 책상에 컴퓨터, 서류함, 전화 등이 가지런히 정돈된
지극히 평범한 사무공간이 전부다.

"가로 12피트, 세로 9피트로 일반 직원들과 크기가 똑같아요. 창
밖을 내다볼 수 있는 게 다를 뿐이죠."

인텔 본사 5층 구석에 위치한   반도체 사업 초기 혹한 속에서 극기
앤디 그로브회장 집무실   훈련을 하며 개발의지를 다지는 삼성
                              전자 연구원들

반대편 구석에는 크레이트 배럿 당시 사장의 집무실이 위치해
있었다. 역시 2평 남짓한 크기와 같은 구조다. 조용히 안을 들여
다보니 열심히 타이핑을 하고 있는 배럿 사장의 뒷모습이 보였
다. 이들 경영진의 집무실은 인텔 기획실, 홍보실 등 업무지원부
서와 같은 층을 쓴다. 별도로 구분되지도 않았다. 한국 기업으로
비교하자면 넓은 사무층의 한 구석에 위치한 부장 자리쯤을 연
상하면 된다.

"비서는 임원 공동으로 배속됩니다. 전용 주차공간이 따로 제공
되는 것도 아니죠."

콴부장은 기자가 놀라는 게 오히려 이상하다는 눈치다.

인텔의 CEO들이 검소하며 권위와는 거리가 멀다는 얘기는 이미
알려져 있었다. 그로브 회장이 주차공간을 찾기 위해 출근시간
에 직접 차를 몰고 몇 십분씩 주차장을 돈다는 일화는 유명하게
전해온다.

몇 해 전 인텔에 업무차 방문했던 국내 한 벤처기업 사장이 "사

무동 앞에 어렵사리 주차공간을 찾아 차를 대고 나오는데 바로 옆에 그로브 회장이 주차를 하고 있더라"며 놀라운 경험을 전한 일도 있었다.

실제 사무공간 마저 일반 직원과 똑같은 크기와 집기를 사용할 정도로 인텔 고위층의 평등의식은 남달랐다.

이코노미석 타는 글로벌 기업 회장

인텔의 CEO는 해외출장 때 한 국가에 하루만 머무는 것이 원칙이다. 2004년 배럿 전 CEO는 이를 지키기 위해 하루동안 3개 국을 돈 일도 있었다고 한다.

아르헨티나에서 업무를 마치고 멕시코의 멕시코시티로 이동해야 하는데 마침 이날 비행기편이 없었던 것이다. 대개는 이 경우 하루정도 현지에서 휴식을 취한 후 다음날 직행 항공편을 이용해 옮겨가는 게 일반적이다.

하지만 배럿 전 CEO는 아르헨티나에서 미국 마이애미까지 이동한 후 다시 멕시코로 입국하는 코스를 택해 당일 옮겨갔다. 그것도 혼자 직접 수속을 밟고 짐을 찾는 일을 처리하면서.

회사에서 제공하는 비행기 티켓은 이코노미 클래스이다. 더 높은 등급을 원하면 자기 돈을 내고 업그레이드를 해야 한다. 비서진의 호위를 받으며 출장을 다니는 우리 기업들과도 거리가 멀다.

세계적인 글로벌 기업의 CEO가 이처럼 초라한 대접을 받는 이유는 뭘까.

하워드 하이 전략홍보 이사는 "직원들이 최고이며 그들을 존중한다는 의지는 말로만 되는 것이 아니다. CEO 스스로 실천해야 한다는 게 인텔의 오랜 전통"이라고 소개했다.

"삼성의 CEO들은 출장 때 전용 비행기를 탄다. 중요한 결정을 내리고 회의에 참석해야 하는 CEO라면 다양한 편의를 제공받아야 하는 것 아니냐"고 반문해봤다.

"우리도 전용 비행기가 있다. 세계 각지의 사업장을 정기 운행하는 셔틀로 사용되며 직원들이 대부분 이용한다. 반도체를 개발하고 만드는 사람들은 우리의 직원들이다"라는 대답만 돌아왔다.

그로브 회장은 자신의 저서에서 '생존을 위해서'라고 평등주의의 배경을 설명했다. 회사의 미래를 좌우할 수 있는 결정적인 아이디어나 의견은 지위가 높다고 나오는 게 아니라는 것이다.

게이클럽도 공식 조직

인텔은 전세계에 사업장이 퍼져 있는 '다민족-다인종' 기업이다. 총 50개국에서 8만5,000명의 임직원이 일하고 있다.

인텔을 이끄는 29명의 부사장단 중 아시안계만도 2004년 말 삼성전자에서 영입해간 에릭 김을 비롯해 인도, 홍콩, 일본 출신 등 9명에 이른다.

하이 이사는 "모든 직원들을 인텔이란 공동체로 아우르기 위해서는 민족, 인종, 종교, 개인적 성향 등에 대한 편견없이 다양성을 인정해야 한다"고 강조했다.

편견과 벽이 없는 조직문화를 구축하기 위해 인텔이 도입한 대표적인 시스템이 '1-on-1' 토론제도이다. 업무와 관련해 자신의 의견을 피력하고 싶다면 지위고하를 막론하고 토론신청을 할 수 있다.

인텔은 본사 1층에 반도체 교육관을 설치하고 어린 학생들에게 반도체 생산과정을 경험하는 기회를 제공한다.

요청을 받은 임직원은 반드시 여기에 응해야 한다. 심할 경우 신입사원이 사장에게 토론을 요청해 1시간 이상 독대를 하며 자신의 주장을 펼 수도 있다.

인텔에는 'IGLOBE(Intel Gay, Lesbian, Bisexual, Transgender Employees)'라는 직원 단체도 있다. 명칭에서 알 수 있듯이 성(性)적 취향이 '남다른' 직원들의 모임이다. 1992년 오레건 공장에서 사적 조직으로 결정됐으나 1995년 회사가 공식기구로 격상시켰다.

인텔 홈페이지 사내소식란에는 IGLOBE 소속 직원이 자랑스럽게 자신들의 활동상을 소개하는 글이 수시로 올라온다. IGLOBE는 설립 목적을 '인텔을 평등과 다양성이 존중되는 일하기 좋은 직장으로 만들기 위해'라고 밝히고 있다.

　　삼성전자가 첫 번째 독자개발 제품인 64K D램 개발에 나서기 직전인 1983년 초.

삼성은 참여 연구원들에게 무박 2일에 걸친 64km 행군을 시켰다. 공동묘지 탁본을 떠오라는 지시도 내려졌다.

기흥공장 건설 때는 장비를 옮기기 위해 4km의 공장 출입로를 반나절만에 포장도로로 둔갑시킨 일화도 있다. 반도체 장비는 미세한 진동으로도 손상을 입을 수 있다. 특히 장비를 운송할 때는 더더욱 진동에 취약한데 공장입구까지 비포장도로가 만들어졌으니 운송자체가 불가능했던 것이다. 새로 포장도로를 깔려면 족히 몇 주는 필요한 상황. 공기를 앞당겨 하루빨리 생산에 들어가야 하는 삼성 경영진은 불가능한 임무를 하달했고 직원들은 보란 듯이 이를 해결한 것이다.

삼성의 반도체는 시작부터 한국 특유의 '정신무장'과 '도전정신'으로 가득차 있었다. 선발기업들과 격차를 줄이기 위해 일사분란한 지휘체계와 권위주의, 불도저와 같은 추진력 등이 필요했다.

삼성전자 관계자는 "선대 회장 때부터 가장 중요한 경영이념이 '사업보국(事業保國)'이었다"며 "이 같은 문화가 저변에 깔렸기에 가능했던 일"이라고 설명한다.

삼성의 반도체사업을 현재와 같이 만드는 데 혁혁한 공을 세운 황창규 사장이나 진대제 정통부 장관은 미국에서 미래가 보장된 직장에 다니고 있었다. 하지만 이들은 안정된 직장과 높은 보수를 포기하고 성공가능성도 희박한 삼성행을 택한 것이다. 그들이 삼성으로 옮겨온 이유는 '일본을 이겨보기 위해서'였다. 개인의 부와 명예만을 좇았다면 불가능한 선택이었다.

2004년 말 삼성전자 반도체 총괄부문은 '신반도체 비전, 문화'를 발표했다. 메모리 1위를 넘어 세계 반도체 1위로 도약하려면 새로운 기업문화가 필요하다는 판단에서다.

여기서 제시한 6대 핵심가치 중 1, 2순위가 'Challenge & Passion(도전은 열정적으로)'와 'Speed & Agility(행동은 빠르게)'이다. 사업 초기부터 삼성전자 반도체사업 구성원들 사이에 형성된 기업가 정신이며 세계적인 성공을 거두게 된 바탕이다.

삼성 문화를 대변하는 전용기

삼성전자도 전용기가 있지만 용도는 인텔과 크게 다르다. 2005년 3월 2일 황사장은 미국 보스턴에 있는 하버드대학교에서 특강을 실시했다. 케이스스터디, 특파원간담회, 특별강연, 교수진 면담의 빡빡한 일정을 치른 황사장은 같은 날 밤 10시 비행기편으로 워싱턴으로 날아갔다.

이튿날 오전 반도체 전문가와 미팅을 갖고 오후에는 곧바로 서부에 있는 샌디에고로 이동, 고객사를 방문해 사업협의를 마쳤다. 그날 밤 다시 샌프란시스코로 이동했고 다음날 버클리대에서 강연을 가졌다. 2박 3일만에 미국 동–서부를 넘나들며 4개 도시에서 10여 차례의 행사를 치렀다.

전용기가 없으면 소화하기 힘든 일정이다. 밤 9시에 만찬회동을 마치고 10시에 비행기로 출발하는 식이었다. 일반 비행기를 탄다면 비행기 티켓을 끊어 짐을 부치고 안전검사를 통과하는 등 수속을 밟는 데만 2시간은 족히 걸린다. 공항까지 이동하는 시간을 합치면 3시간 이상이 필요하지만 황사장은 1시간만에 처리한다. 남은 2시간은 고객과의 상담에 더 쓸 수 있다.

삼성 관계자는 "CEO가 직접 나서는 수출상담을 2시간 정도 한다면 수십억 원어치의 반도체는 더 팔 수 있다"고 설명한다.

이건희 회장은 "쓸데없는 곳에서 시간을 허비하지 말고 고객을 한 명이라도 더 만나라"며 CEO들에게 전용기를 내준다. '스피드 경영'이다.

해외의 핵심인재를 영입할 때도 전용기가 뜬다. 이 목적으로 출장을 떠나는 임원은 아예 갈 때부터 전용기로 떠난다.

'10년 후를 먹여 살릴 인재'를 확보하는 데는 모든 자원을 투입하는 곳이 삼성이다.

비교되는 윤리규정

'공무원들은 민간기업 직원들과 다르다. 선물을 할 때는 더욱 조심해야 한다.'

'주말이나 기념일에 집으로 배달된 선물은 부회식 때 나눠

먹는다.'

직장에서 상사가 부하 직원에게 은밀히 알려주는 행동요령
이 아니다. 글로벌 기업 인텔이 직원들을 위해 마련한 윤리
규정 중 하나이다. 많은 기업들이 자체 윤리규정을 갖고 있
지만 대부분 추상적이고 선언적 의미의 규범에 그치고 있다.
하지만 인텔의 윤리규정은 총 22페이지에 달할 정도로 방대
하고도 자세하다.

뇌물과 리베이트, 선물수수, 기업과 개인간의 이해상충, 반
독점, 주식거래, 정보관리, 대외접촉 심지어 공급업체의 준
수사항까지 직원들이 회사 내는 물론 외부에서 접할 수 있는
다양한 상황별로 지켜야 할 대처요령을 구체적으로 적시하
고 있다.

뇌물이나 리베이트는 어떠한 경우에도 금지된다. 거래하는
운송업체에서 인텔이 쓰는 물건을 빨리 공급하기 위해 세관
에 급행료를 지불했다면 해당 직원이 제공한 것과 마찬가지
로 취급된다.

선물의 한도는 25달러이
다. 한도를 넘는 선물을
받는 것은 물론 줄 때도
본사 감사실이나 부서임
원의 허락을 얻어 극히 예
외적으로 허용된다. 구체
적인 금액을 알기 어려운

선물은 돌려주는 게 원칙이다. 반환이 어렵다면 자선기관에 기증하거나 회사 내에서 분배하도록 규정돼 있다.

일례로 기념일에 집으로 음식료가 배달됐다면 부서회식 때 나눠먹으라고 권고하고 있다.

거래업체에서 개최하는 스포츠나 오락 이벤트에 초청을 받는 것도 금지된다. 새로운 거래관계를 구축하거나 유지하는 데 필요하다고 명백히 인정될 때만 가능하다.

개인의 프라이버시 존중을 위한 규정도 구체적으로 제시되고 있다. 본인에게 사전고지 없이는 아무리 직원이라도 개인정보를 알아볼 수 없다. 회사가 개인정보를 알아보는 것도 철저히 업무적 목적을 위해서만 가능하다. 목적이 완료되면 해당 개인정보는 삭제되는 게 원칙이다.

전세계 모든 직원이 2달에 한 번씩 이 같은 윤리규정을 숙지하고 있는지 테스트를 받아 그 결과가 인사에 반영되고 있다.

인텔에 비해 삼성전자의 윤리강령은 상대적으로 포괄적이고 원칙적인 '선언'의 형식을 띠고 있다.

삼성전자는 총 7장으로 구성된 윤리강령을 갖고 있다.

윤리강령에서 규정한 삼성전자 직원들의 기본책무는 최고의 제품과 서비스를 창출하고, 고객을 중심으로 하며, 삶의 질 향상을 선도하는 것이다.

강령은 '자신과 가족, 나아가 인류공동체의 정신적, 물질적 삶의 질 향상을 위해 최선을 다한다'고 기본책무를 정의하고 있다.

임직원이 지켜야 할 기본윤리는 6장에 명예와 품위유지, 자율과 창의-도전 중시, 책임의식, 깨끗한 조직의 유지, 지적 재산권의 존중, 정보의 기록과 보안, 건전한 동료관계, 건전한 조직문화 등으로 규정돼 있다. 혈연, 지연, 학연에 근거한 파벌과 사조직의 결성이 금지돼 있다. 예를 들면 고교나 대학 동문회 모임은 허용되지 않는다.

개인의 참정권은 존중하되 사원의 신분으로 정치에 개입하는 것은 물론 회사 내에서 정치활동을 하는 것도 금지된다.

인터뷰) **마틴 레이놀즈(Martin Reynolds) 가트너 수석연구원**

마틴레이놀즈
가트너 수석연구원

"삼성은 인텔의 브랜드 전략을, 인텔은 삼성의 시장 예측 능력을 배울 필요가 있습니다."

세계적인 반도체연구기관인 가트너에서 시스템 및 반도체 분석부문을 이끌고 있는 마틴 레이놀즈(Martin Reynolds) 수석 연구원은 "디지털 컨버전스 시대에 대비한 삼성전자와 인텔의 협력은 무한한 가능성을 가져올 것"이라고 내다봤다.

그는 "삼성전자가 세계 1위의 반도체 기업이 되기 위해서는 디지털가전용 칩을 포함한 비메모리시장에 성공적으로 진출해야 한다"며 충고도 아끼지 않았다.

? 인텔이 세계 1위의 반도체기업으로 성장하게 된 비결은 무엇인가

"브랜드와 마케팅 능력이다. 인텔과 AMD는 동일한 마이크로프로세서를 제조하고 있지만 판매가격은 인텔이 130달러, AMD가 65달러로 큰 차이가 있다. 양사의 제조비용, 기술력, 물류비용 등은 동일하다. 나머지 인텔이 고수익을 낼 수 있는 차별적인 경쟁력은 브랜드와 마케팅 능력이다."

? 인텔은 CPU부문에서 그동안 경쟁사가 적지 않았는데도
30년 이상 시장을 장악해왔다

"인텔이 다른 반도체 회사와 다른 점은 최종 소비자를 위한 제품개발을 한다는 점이다. 인텔이 추진하는 플랫폼 전략이 대표적이다. 직접 소비자에게 제품을 팔지는 않지만 궁극적으로는 소비자를 위한 기술개발과 제품생산을 함으로써 시장을 선도하고 있다."

? 삼성전자는 2004년에 100억 달러의 영업이익을 거둘 정도로 급성장
했다. 세계 반도체시장에서 삼성전자의 경쟁력을 어떻게 평가하는가

"삼성전자는 브랜드 마케팅과 뛰어난 시장예측 능력으로 높은 수익을 내고 있지만 현재의 메모리분야만으로는 한계가 올 수밖에 없다. 모바일 등 비메모리분야에 도전해 메모리

중심에서 탈피해야 한다. 삼성은 특히 반도체, LCD부터 휴대폰 TV에 이르는 최종 전자소비제품까지 수직적 결합이 이뤄져 있다. 이를 잘 활용하면 성공 가능성이 높다."

"한국시장은 막강한 IT산업을 보유하고 있다. 브로드밴드, HD TV, 홈네트워크 등은 세계를 선도한다. 소비자들도 기술지향적이며 앞선 기술에 대한 적응력이 빠르다. 삼성전자는 이 같은 훌륭한 테스트 마켓을 보유하고 있다는 점이 강점이다."

"앞으로 유망한 반도체산업은 디지털TV와 가전제품, 휴대폰용 칩시장이다. 세탁기, 전자레인지도 지능형 가전으로 변모할 것이다. 삼성은 가전시장에서 최강자 중 하나이다. 이를 잘 활용한다면 삼성의 반도체산업이 더욱 성장할 것이다."

"삼성전자는 인텔의 브랜드전략을, 인텔은 삼성의 다양한 제품군과 소비자 대상 제품개발 능력을 활용하고 배워야 한다. 인텔은 제품의 한계가 있다. 지나치게 마이크로프로세서 의존도가 높다. 삼성은 또 아시아시장을 장악하고 있다. 인텔이 에릭 킴을 삼성전자로부터 영입한 것도 이 같은 전략적 변화의 일환이며 삼성전자로부터 배우려는 것이다."

PART 3

삼성전자를
이끄는 사람들

영화 '쥬라기 공원'에 나오는 티라노 사우루스는 집채만한 몸집을 가졌지만 민첩성은 타의추종을 불허한다.

덩치는 민첩성과 반비례하는 경향이 있지만 이 공룡은 양립하기 어려운 두 가지 특성을 동시에 지녔기에 경쟁력이 있었다고 할 수 있다.

기업경영도 마찬가지다. 마이크로소프트나 도요타처럼 규모는 크지만 경영이 날렵한 기업은 지금도 성장의 끝을 모른다. 하지만 대부분의 기업들은 사업규모가 커지면서 성장이 정체되거나 퇴행적 증상을 보인다. 한때 IBM과 일본 NTT도 그랬다. 덩치가 커지면 의사결정 과정 곳곳에 동맥경화가 생긴다. 이는 경쟁사보다 더 예민하게 시장 상황에 대처하도록 하는 능력을 떨어뜨린다. 공룡으로 치면 먹이를 먼저 발견하기가 어려워질 뿐 아니라 눈앞에 있는 먹잇감도 경쟁 상대에게 뺏기기 십상이라는 것이다.

그런 점에서 삼성전자는 마이크로소프트나 도요타형 기업이다. 이미 공룡의 덩치가 돼버렸으면서도 칭기즈칸 군대처럼 기민한 경영 시스템을 가지고 있다.

알렉산더보다 더 많은 땅을 차지했다는 칭기즈칸의 기마병은 중무장한 적진을 칼 한 자루 달랑 들고 종횡무진 휘젓고 다녔다. 이것이 가능했던 것은 지휘부의 사려깊은 전략과 명확한 목표 제시, 동에 번쩍 서에 번쩍하는 민첩성과 순발력, 방향이 정해지면 거침없이 돌진하는 과단성 등이 어우러져 상승효과를 냈기 때문이다. 삼성전자의 경영 시스템 또한 복잡한 전술을 단순 명

쾌하게 구사하는 칭기즈칸 부대의 특성을 갖고 있음을 곳곳에서 발견하게 된다.

삼성의 이런 경영 시스템은 최고 지휘부에 해당하는 이건희 회장의 용병술과 조직통치 철학에 의한 것으로 알려져 있다.

선친인 이병철 회장한테서 경영대권을 물려받은 그는 수년간 그룹산하 기업을 지휘하면서 뼈저리게 느낀 것이 하나 있었다. 세계적인 기업으로 도약하기 위해서는 먼저 '인재의 세계화'를 추진해야 한다는 것이다. 선대 회장도 늘 인재경영을 강조했지만 그는 한발 더 나아가 국제적으로 통하는 인재, 즉 인재의 글로벌 스탠다드를 추구했다.

세계의 흐름을 쫓아가면서 선진국 리더그룹과 호흡을 같이 하는 인재, 미국, 유럽, 일본 등 선진국 핵심기술 분야에서 어깨를 나란히 하는 연구자…. 그런 자질과 능력을 갖춘 인재를 이회장은 해당 선진국에 가서 집중적으로 스카웃하기 시작했다. 삼성에서 인력개발을 담당하는 한 인사는 "욕심나는 인재를 데려오기 위해 이회장은 그들의 대우에 관한한 상한선을 없앴다"고 말했다. 지금은 정보통신부 장관으로 가 있는 진대제 씨나 반도체 총괄 황창규 사장도 그렇게 해서 삼성에 합

2005년 초 보광휘닉스 스키장에 모인 삼성전자 경영진들 사진. 왼쪽부터 최지성 사장, 양해경 사장, 이윤우 부회장, 김재욱 사장, 윤종용 부회장, 황창규 사장, 이상완 사장, 최도석 사장

류한 사람이다.

회장 전용기를 띄우고 최고경영진이 삼고초려 끝에 영입한 이른바 'S급' 인재들은 회사 요소요소에서 이 회장 말대로 '10년 후 먹을거리'를 위해 열심히 뛰고 있다.

선대부터 다져온 탄탄한 조직력에 이들 해외파 인재의 글로벌 스탠다드형 사고가 수혈되면서 삼성전자 조직은 이종교배형 슈퍼 파워조직으로 탈바꿈한다.

이 같은 삼성전자의 환골탈태에 대해 국내 기업이나 연구기관은 물론 해외에서도 연구 필요성을 느끼고 찾아온다. 전세계에 정보의 그물을 쳐놓고 있는 이토추상사도 삼성의 경영에 관심을 갖는 기업 중 하나다.

2004년 9월 삼성전자를 취재하러 온 이토추상사 산하 연구소 고위 인사는 당시 기자를 만나 "삼성의 기술을 보러온 게 아니다"라고 했다. 그만한 기술은 일본 쪽에서 보면 별 것 아니라는 것이다. 그럼 무엇이 알고 싶으냐는 물음에 그는 "총체적인 기술수준은 일본보다 아래에 있는데도 출력하는 파워는 일본보다 몇 갑절 강력한 이유가 어디 있는지 궁금하다"고 말했다. 어디서 그런 힘의 결집이 나오는지, 그런 시스템과 그것을 가능하게 하는 원천이 무엇인지 알고싶다는 얘기다. 어떤 일이든 사물의 본질과 그 원천을 규명해야 직성이 풀리는 일본인들의 근성과 날카로움이 드러나는 대목이었다.

당시 그가 나름대로 풀어낸 해석을 보면 이건희 회장은 칭기즈칸 격이었다. 강한 카리스마에서 나오는 조직 지휘력과 미래를 내다보는 눈이 삼성전자라는 기마부대를 세계 최강의 군대로 만들었다는 것이다. 일본 기업이 반도체나 LCD, PDP 투자의 필요성을 인정하면서도 장기불황의 늪에 걸려 우물쭈물하는 사이 삼성전자는 사령부의 지휘봉이 움직이는 대로 뒤도 안보고 내달려 고지를 점령해버렸다는 것이다.

실제 제품의 성능과 가격, 출시 타이밍의 주도권을 완전히 내줌에 따라 당초 선발주자였던 일본과 한국은 처지가 역전되고 말았다. 일부 제품에서 일본은 한국 뒤를 따라가면서 이삭이나 줍는 신세가 되버렸다. 일본기업들이 2000년대 들어 반도체, 디스플레이 등 첨단제품에 대한 투자를 줄줄이 포기한 데는 이 같은 배경이 있었다.

이 엄청난 일을 물론 이건희 회장 혼자서 해낸 것은 아니다.

밖에서 데려오고 안에서 키운 막강한 참모 조직이 있었기 때문에 가능했다. 이들은 이회장과 함께 세계의 흐름을 호흡하고 계획을 짜고 실행에 옮기는 훌륭한 장수들이다. 윤종용 부회장을 비롯해 황창규 반도체총괄 사장, 이기태 정보통신총괄 사장, 이상완 LCD총괄 사장, 최지성 디지털미디어총괄 사장, 이현봉 생활가전총괄 사장, 임형규 종합기술원 원장 등 맹장들이 포진해 있다. 특히 이들이 전장에서 맘껏 싸울 수 있도록 측면지원하면서 삼성전자의 모든 살림살이를 책임지는 최도석 경영지원총괄 사장은 허브와 같은 존재다.

1 위기경영 전도사
윤종용 부회장

약 력
- 1944년 경북 영천생
- 경북사대부고 – 서울대 전자공학과 –
미국 MIT Sloan School 수료
- 1966년 삼성그룹 입사
1977년 삼성전자 동경지점장
1988년 삼성전자 부사장
1990년 삼성전자 가전부문 대표
1992년 삼성전기 대표이사 사장
1993년 삼성전관 대표이사 사장
1995년 삼성그룹 일본본사 사장
1996년 삼성전자 총괄사장
2000년 삼성전자 대표이사 부회장

'위기 경영의 전도사.'

글로벌 기업 삼성전자호를 이끌고 있는 윤종용 부회장에 항상 따라다니는 수식어다. 자칫 무시무시한 이미지를 줄 수 있지만 삼성전자가 지금과 같은 초일류기업으로 성장한 데는 윤부회장의 '위기의식'을 중심으로 한 경영철학이 든든한 밑바탕이 된 것을 부인할 수 없다.

그의 위기론의 특징은 잘나갈 때일수록 더욱 강조된다는 점이다. 연간 100억 달러 이익을 눈 앞에 뒀던 2004년 11월 1일 윤부회장은 전 직원에게 창간메시지를 보냈다.

"IBM과 필립스도 사상 최대의 이익을 낸 후 실적이 급격히 악화된 적이 있으며 삼성전자도 사상 최대의 실적을 냈던 1995년에 흡사한 경험을 했습니다. 지금은 초일류로 가느냐 그렇지 않으면 추락하느냐의 중대한 기로에 서 있습니다."

사상최대의 이익을 거뒀다고 흥분과 안도에 빠져있다가는 언제 도태될지 모른다는 위기의식을 강조한 것이다.

윤부회장은 "지금 잘 되는 사업도 5년, 10년 후에는 없어질 수 있기 때문에 새로운 성장 엔진을 지속적으로 발굴, 육성해야 한다"고 늘상 지적한다.

주변에서는 삼성전자를 두고 반도체, 휴대폰, LCD를 삼각축으로 알찬 사업구조를 구축했다고 평가한다. 하지만 윤부회장은 초일류로 도약하기 위해서는 고부가 사업을 중심으로 한 미래형 사업포트폴리오 재편이 불가피하다고 지론을 펼친다.

이를 위해 중장기적으로 제품, 기술, 마케팅, 글로벌 운영, 프로세스, 조직 문화 등 6대 분야에 대한 지속적인 혁신을 추진하고 있다. 직원들에게도 "초일류 기업 도약을 위해 기존과는 다른 사고 방식이 요구되며 무엇보다 초일류 인자의 체질화가 필요하다"고 강조한다.

그가 제시하는 초일류 인자란 꿈과 비전, 목표의 공유, 통찰력과 분별력, 위기감, 창의적이고 도전적인 자세, 스피드와 속도, 신뢰와 믿음 등이다. 이 같은 초일류 인자를 삼성전자의 기업문화는 물론 임직원 개인의 문화로 정착시켜 초일류 기업을 향한 원동력으로 삼자는 것이다.

2004년 윤부회장은 《초일류로 가는 생각》이란 저서를 출간했다. 바쁜 경영활동중에서도 틈틈이 자신의 경영철학을 옮겨 적었다. 책의 일부에서 그는 산업과 과학 중심의 역사관을 제시했다.

"역사에는 히틀러·진시황제·알렉산더 같은 정복자도 있지만, 역사를 발전시키고 변화시킨 사람들은 우리에게 덜 알려져 있는 과학자와 기술자들이다. 전자계산기를 만들어낸 에커트나 트랜지스터를 개발한 바딘, IC(집적회로)를 개발한 킬비, DNA구조를 발견한 크릭과 왓슨 등은 20세기 후반의 역사를 바꾼 사람들이다. 인류 역사에서 기업가와 경영자가 없었다면 인류는 지금의 풍요를 누릴 수 없었을 것이다."

매일경제신문에 연재한 '삼성전자 그룹을 해부한다' 시리즈를 마치며 삼성전자 본사 집무실에서 윤종용 부회장을 만났다. 1시간 남짓한 인터뷰 동안 그는 '위기'라는 말을 6번이나 했다. 삼성이 비록 잘나가고 있지만 경영환경이 받쳐주지 못하면 위기로 봐야 한다는 뜻이 은연중에 배어 있었다.

외국의 거센 도전과 국내의 만만찮은 정치·사회적 토양, 게다가 사상 최고 경영성과에 따른 조직 해이와 자만…, 이런 내외부의 적과 싸우는 윤부회장은 이재용 상무 경영승계, 경영권 위협 등 경영 전반에 대해 기탄없이 견해를 밝혔다.

? 영업이익 규모가 분기를 거듭할수록 줄어들고 있는데

"투자자들은 실적이 떨어졌다며 다양한 의견들을 내놓는데 경영이란 상대적인 것이다. 경쟁 하에서 절대적인 것이란 있을 수 없다. 경기가 침체되고 있는데 우리만 좋은 실적을 낼 수가 있겠는가."

? 반도체·LCD 가격 하락과 같은 세계적 불황 여파를 피하기는 어려울 것 같다

"시장에서 누가 더 경쟁우위에 서느냐가 중요하다. 휴대폰 경쟁이 치열해지면서 시장점유율이 떨어지자 노키아도 가격을 낮추고 있다. 최근의 실적은 경영환경에 영향을 받은 것이지 구조적인 문제는 아니라는 얘기다. 디지털미디어(TV, DVD, 모니터 등)나 생활가전(냉장고, 세탁기 등)도 숫자상으로는 부진해 보이지만 실제 내용은 별로 나빠진 게 없다. 경영은 잘 될 때일수록 위기의식을 가져야 한다. 매출이 늘고 이익이 많아져 잘나가면 착시현상이 생기고, 오만해지고, 방심하게 된다. 2004년 사상 최대 이익을 냈지만 위기의식은 과거 어느 때보다 높았다."

❓ 삼성전자는 세계적인 글로벌 기업으로 성장했다. 거대기업 CEO로서
경영의 주안점을 어디에 두고 있나

"경제발전을 지탱하는 것이 산업발전이고 산업발전을 지탱하는
것이 기업이다. 산업과 기업발전은 과학기술 발전에 의존했다.
기술이 새로운 산업을 창출하고 새로운 기업을 태어나게 했다.
기술이야말로 국가와 기업이 성장하는 데 필요한 원동력이다.
기술 개발은 결국 사람이 한다. 따라서 우수한 사람을 뽑아서 양
성하는 것이 경영의 가장 중요한 과제다. 또 한 가지를 든다면
'스피드 경영'이다. 경영환경이 워낙 빠르게 변하기 때문에 빠
른 의사결정이 필수다. 결국 삼성전자 경쟁력을 뒷받침하는 요
체는 기술, 사람, 스피드 세 가지다."

❓ 지금은 반도체 · LCD · 휴대폰이 먹여살리고 있지만
차세대 먹을거리(수종사업)로 어떤 사업을 준비하고 있는가

"솔직히 10년 뒤 무엇이 주력이 될지, 어떤 시대가 올지 아무도
예측하지 못한다. 지금 하고 있는 사업의 경쟁력을 높여서 미래
에 대비하는 게 가장 좋은 방법이다. 그렇지만 분명한 것은 미래
에도 기술이 기업을 바꾸고, 산업을 바꿀 것이라는 점이다. 삼성
은 더욱 빨라질 기술발전 속도를 따라가고, 나아가 선도하기 위
해 좋은 인재를 뽑아서 양성할 것이다.
10년 뒤 어떻게 될까 예측하는 것은 중요한 일이지만 경험상 예

측은 맞지 않았다. 우리는 미래를 예측하는 것보다 미래를 창조하는 것을 중시하고 그런 능력을 갖추도록 노력할 것이다. 가까운 미래에 디지털 컨버전스 시대가 올 것으로 보고 있다. 다행히 우리 사업구조(포트폴리오)는 여기에 맞게 잘 짜여져 있다. 핵심 부품(반도체·LCD)에서 통신, 디지털미디어, 생활가전에 이르는 4개 부문이 상호작용하면서 디지털 컨버전스 시대를 주도할 것이다. 이들 4각 편대를 견고하게 유지하는 가운데 상호 네트워크화하고 컨버전스화해 다가오는 유비쿼터스에 대비한다는 것이 우리 자세다."

❓ 평소 바이오산업을 많이 강조하고 있는데 수종사업 중 하나로 키울 생각인가

"전자산업과 연관된 바이오 부문에 대한 연구개발은 진행하고 있다. 바이오칩 등이 대표적이다. 종합기술원에서 소규모로 연구를 진행하고 있는데 '전자관련'이라는 전제 아래 장기 성장동력 중 하나로 보고 있다."

❓ 잭 웰치 GE 전 회장은 10년 가까운 기간을 두고 후계자를 찾았다. 차세대 리더를 선발하기 위해 어떤 생각과 방안을 갖고 있는가

"삼성은 GBM(사업부장) 제도를 두고 있다. 이들 GBM장 16명은 모두 CEO 후보다. 이들은 삼성전자를 16개로 나눈 기업의 사장이나 마찬가지다. 본사 지원부문(스탭)은 이들이 하는 일을 크로스 체크하는 일을 한다. 매트릭스 조직으로 운영하고 있다는 얘기다. 삼성은 그들이 커나가도록 권한을 많이 이양해두고 있다.

예산도 큰 틀에서만 정하고 나머지는 그들이 다 알아서 쓴다. 자율권을 주고 마음껏 경영실력을 발휘하게 하려는 것이다. 봉건시대 통치구조 같은 것이다. 권한을 이양하지 않으면 사람이 크지 않는다. 삼성 CEO가 되는 데 가장 중요한 덕목은 창의력과 추진력이다. 또 현장을 꿰고 있어야 삼성전자를 이끌 수 있다."

❓ 삼성이 과거 소니를 이길 수 있다고 했을 때 전세계가 주목했다

"지금은 그때와는 다른 모멘텀이 필요하다고 본다. GE가 세계적인 기업이 된 것은 획기적인 아이디어를 내거나 갑자기 혁신을 했기 때문이 아니다. 잭 웰치가 20년 가까이 꾸준히 혁신하면서 오늘날의 회사로 만들었다. 우리는 업종에 관계없이 잘 하는 기업이 있으면 가서 배우고 변신하려는 노력을 기울였다. 여론이나 언론, 특히 투자자들은 갑자기 놀랄만한 변신이 있기를 기대한다. 그렇지만 경영에서 깜짝쇼란 없다.

남들이 14초를 뛸 때 나는 12초만 뛰면 늘 일등을 한다. 경영도 그렇다. 상대보다 얼마나 경쟁력에 갭(차이)을 두고 앞서가느냐가 중요하다. 갑자기 기발한 것이 나와서 두각을 나타내는 일이란 없다. 늘 위기의식을 갖고 뛰어야 한다."

"배당은 2004년 상반기에 100% 했다. 2003년에는 상반기 10%,
연말에 100%를 했다. 이 정도 배당은 큰 부담이 안 된다. 시설
투자도 연간 7조 원 가량 한다. 현금 보유액 8조 원을 너무 많다
고 하는데 미래 투자에 대비한 적정 수준이라고 본다. 꾸준한 연
구개발(R&D)을 위한 투자 재원이 필요하다.

지금은 투자하려고 해도 할 데가 없다. 앞으로 수익이 나빠지면
반도체나 R&D에 투자할 수 있어야 한다. 쓸데없이 투자해 생산
능력 과잉이 되면 경영에 도리어 문제가 생긴다."

? 경제와 환율에 대한 전망은

"당분간 좋아질 이유는 없다. 세계경제가 그런 분위기다. 환율
은 과거처럼 달러당 900원 선까지 가지는 않더라도 꾸준히 떨어
질 것이다. 하지만 환율을 평가할 때 단순히 원화 환율만 봐서는
안 된다. 우리 경쟁상대인 엔화와 위안화 움직임이 중요하다. 그
렇게 볼 때 길게 내다보면 환율은 큰 문제가 되지 않을 것이다."

2 살아있는 반도체 신화
이윤우 부회장

약 력
- 1946년 경북 월성생
- 경북고 – 서울대 전자공학과
- 1968년 삼성전관 입사
  1983년 삼성반도체 이사
  1987년 기흥공장장
  1989년 기흥반도체연구소장
  1992년 삼성전자 부사장
  1995년 삼성전자 반도체부문 대표이사 사장
  2004년 삼성전자 대외협력담당 부회장겸 삼성종합기술원장
  2005년 삼성전자 CTO

이윤우 삼성전자 부회장은 한국 반도체의 살아있는 역사나 다름
없다.

1969년 서울대 전자공학과를 졸업과 동시에 삼성전관으로 입사
한 이부회장은 1976년 삼성전자 반도체 과장으로 옮겨오면서 반
도체와 처음 인연을 맺었다.

1976년이면 국내 최초의 반도체회사인 한국반도체가 설립된 지 불과 2년이 지난 시점이다. 설립 2달만에 자금난에 빠진 이 회사를 삼성이 인수했고 1976년 국내 최초로 트랜지스터를 개발하는 데 성공했다.

이부회장은 이 회사의 트랜지스터 개발팀과 품질관리실을 맡으며 한국 반도체의 역사를 쓰기 시작했다. 1983년 고 이병철 삼성 창업주는 지지부진하던 반도체사업의 새로운 도약을 위해 메모리사업 진출 선언을 한다.

사업진출을 선언한 같은 해 말 삼성은 최초로 64K D램의 자체 개발에 성공하면서 한국을 세계무대에 반도체 개발국가로 등극시켰다. 이듬해 3월 삼성은 64K D램 성공한 지 3개월여만에 256K D램 개발에 착수했고 그 중책을 이윤우 VLSI기술담당 이사가 이끄는 개발팀에 맡겼다.

256K D램은 당시 생산되고 있던 반도체 중 최고의 집적도를 가진 제품으로 일본 NEC와 후지쓰, 미국 인텔 등 몇 개 업체만 생산하고 있었다. 특히 장비설치와 공정기술 개발 등에서는 64K D램과의 집적도 차이인 4배 이상의 어려움이 뒤따르는 작업이었다.

하지만 이부회장팀은 개발착수 7개월만인 1984년 10월 양품을 만들어 내는데 성공한다. 1985년 6월 기흥공장장으로 승진한 이부회장은 마이크론의 특허침해 제소, 일본 덤핑전략, 반도체 경기침체 등 격동의 시련을 극복하며 한국 반도체산업의 개화기를 열어갔다.

256K D램, 1메가 D램 등의 양산에 성공했고 기흥의 3라인, 4라인 등 주축공장들이 그의 손으로 만들어졌다.

1990년대 이후 이부회장은 경영자로 한국 반도체산업을 이끌었다. 1992년 삼성전자 메모리사업 총괄 부사장에 임명되고 1993년에는 반도체총괄 대표이사 부사장에 오르며 최고책임자가 됐다. 이 시기에 삼성반도체는 메모리부문에있어 생산뿐 아니라 기술개발에서도 명실상부한 세계 1위의 위치를 다졌다.

이부회장은 자신의 홈페이지에서 "나는 경영자이자 엔지니어이다. 사업의 성공만이 중요한게 아니다. 인간이 더욱 인간적인 삶을 누리도록 하는 것이 나의 목적이며 반도체의 비전이다"라고 말했다.

3 실세 살림꾼
최도석 경영지원총괄 사장

약   력
- 1949년 서울생
- 마산고 – 연세대 경영학과 –
  홍익대 국제경영대학원
- 1971년 제일모직 경리과장
  1975년 삼성전자 입사
  1993년 삼성전자 관리이사
  1995년 삼성전자 상무
  1997년 삼성전자 전무이사
  2000년 삼성전자 경영지원총괄 대표이사 부사장
  2001년 삼성전자 경영지원 총괄사장

삼성에는 막강한 라인이 하나 있다. 이른바 재무 사관학교로 불리는 제일모직 경리과 출신이다.

이학수 그룹 구조조정본부장, 김인주 구조조정본부 차장(사장) 등이 제일모직 경리과에서 자금과 경리업무를 맡다 지금의 자리에 올라왔다. 그들 사이에 위치한 또 하나의 중요한 인물이 삼성전자의 안살림을 책임지고 있는 최도석 경영지원총괄 사장이다. 삼성그룹 내 재무라인 핵심요직 3인이 모두 제일모직 경리과 출신이다보니 이처럼 하나의 라인으로 외부에서 평가 받게 됐다. 그렇다고 최사장이 이 같은 인맥으로 현재의 자리에 오른 것은 아니다.

관리전문가로서 최사장의 진가는 1997년 외환위기 때 발휘됐다. 그 당시 외부에는 잘 알려지지 않았지만 삼성전자는 부도위기까지 몰릴 정도였다. 그 때 구조조정을 통해 삼성전자를 글로벌 기업으로 성장할 수 있는 반석에 올려놓은 인물이 윤종용 부회장과 최도석 사장이다.

최사장은 1971년 제일모직에 입사해 경리과장으로 지내 재무업무를 배웠다. 1980년부터 삼성전자 안살림을 맡고 있어 각 사업부문의 사정을 꿰뚫고 있다. 2003년 파이낸스아시아의 '한국을 대표하는 CFO'로 선정됐다.

경영지원총괄이란 말 그대로 인사, 자금, 경리, 관리, 경영혁신 등 핵심부서를 관장하는 자리다. 삼성전자 각 사업장의 경영자들의 원활하게 경영을 이끌어갈 수 있도록 돈과 인력, 시스템을 지원하는 게 임무다. 그러다보니 자연히 밖으로 노출되기가 어렵다. 여지껏 제대로 된 언론 인터뷰 한번 없었다.

2005년 5월 그가 모처럼만에 외부에 노출됐다. 삼성전자 CEO들이 돌아가면서 성균관대 학생들에게 강연을 했던 삼성CEO 특강에서다. 이 강의에서 최사장은 외환위기 시절의 비화를 털어났다.

"1997년 삼성전자의 자기자본은 5조8,000억 원이었고 환율 급등에 따른 환율 조정 3조2,000억 원과 투자자산 중 부실 부문을 감안할 때 실질적인 자기자본은 제로였습니다. 1997년 결산을 해보니 사실상 망한 회사였던 거죠."

어느 기업과 마찬가지로 외환위기의 어려움을 겪었지만 삼성전자의 당시 위기는 무분별한 확장이었다고 그는 진단했다.

"국제화 열기에 편승해 삼성전자 역시 세계화를 추진했죠. 1995년부터 1997년까지 3년간 자회사가 40개, 손자회사까지 합할 경우 72개 법인이 갑작스레 삼성전자 아래로 편입됐어요. 인수를 하고 나서 인력이 없어 제대로 된 관리를 할 수 없었고 결국 인수 뒤에는 자회사들이 방치된 겁니다."

당연히 그의 본업은 은행에 돈을 빌리러 다니는 일이었다.

"꽤 친했던 은행장들도 돈을 빌리러 가니까 만나주질 않더군요. 아침 8시부터 은행 앞에서 기다리다가 출근하는 은행장을 따라 들어가 대출을 요청했다가 거절당하곤 했죠."

돈 없는 설움에 대한 회한은 계속 이어졌다.

"당시 삼성전자의 차입금이 20조 원에 달했는데 자금이 부족해서 1조 원 규모의 회사채를 발행하려고 신청했죠. 그런데 정부의 모씨로부터 '벌레 한 마리가 우물 물을 흐린다'는 말까지 들은 겁니다."

"문전박대를 당해 울면서 나온 적이 한두 번이 아니었다"던 그는 이후 다시는 은행에 오지 않겠다고 다짐했다고 한다. 해외판매법인이나 생산법인들도 본업을 제쳐놓고 돈을 빌리러 다니던 시절이었다.

최사장은 "이래서는 안 되겠다 싶어서 그 어려운 과정 중에 13억 달러를 각 법인에 지원하고 자기자본 30%를 맞춰준 뒤 '열심히 벌어서 빚을 갚자'고 다짐했다"고 밝혔다.

이후 달라진 삼성전자의 위상은 새삼 말할 필요가 없다.

"과거에는 CEO와 사장단들이 연초마다 원천기술을 보유한 일본의 마쓰시타나 소니, NEC 등의 업체들을 방문해도 기껏해야 사업부장을 만나는 게 고작이었어요. 지금은 그 업체의 CEO들이 우리 스케줄에 맞춰 우리 회사를 찾아오고 있습니다."

외환위기를 겪으며 뼈를 깎는 구조조정을 자기 손으로 단행한 최사장. 지금도 끊임없이 업무 프로세스 혁신, 핵심인력 양성 등을 추진하며 10년 후의 삼성전자를 그려나가고 있다.

4 반도체 유목민
황창규 반도체총괄 사장

약 력
• 1953년 부산생
• 부산고 – 서울대 전기공학과 –
  서울대 전기공학과 석사 –
  미국 메사추세츠공대 전자공학박사
• 1985년 미국 스텐퍼드대 책임연구원
  1987년 미국 인텔사 자문
  1989년 삼성반도체 DVC담당
  1991년 삼성반도체 이사
  1994년 삼성반도체 상무
  1998년 삼성반도체 연구소장
  2000년 삼성전자 메모리사업부 대표이사 부사장
  2001년 삼성전자 메모리사업부 사장
  2004년 삼성전자 반도체총괄 사장

"우리는 유목민(nomad)이다. 잠시도 안주해서는 안 된다. 끊임없이 새로운 영역을 개척해야 할 수 있다."

황창규 삼성전자 반도체총괄 사장이 직원들한테 수시로 강조하는 경영철학인 반도체 유목민론의 한 대목이다.

"성을 쌓고 사는 자는 반드시 망하며 끊임없이 새로운 영역을 찾아 이동하는 자만이 살아남는다"는 지론을 반도체 경영에도 그대로 적용해왔다.

2000년 삼성전자 메모리사업부장(부사장급)을 맡은 이래 끊임없이 노력해온 새로운 영역 개척은 2004년 이후 커다란 빛을 발하게 됐다. 비록 삼성전자 반도체총괄이 단일 기업은 아니지만 어느 기업 못지않은 경영실적을 내고 있다. 황창규 사장이 거둔 이 같은 성과는 단숨에 이뤄진 것이 아니다.

대규모 이익의 가장 큰 원인은 주력산업인 D램이다. 여기에 새로운 캐쉬카우로 부상한 플래시메모리 사업이 성공을 거두면서 대박을 냈다.

플래시메모리는 1990년대 중반 시작됐지만 한동안 변변히 성과를 내지 못했다. 이를 안고 고민을 하던차에 2001년 일본 도시바에서 리스크 부담을 덜자며 합작을 제의해왔다. 하지만 황사장은 "플래시메모리는 분명히 반도체의 새로운 거대시장으로 성장할 것"이라며 거절할 것을 제안했고 이건희 회장도 이를 과감히 수용하며 독자노선을 결정했다.

황사장은 이때부터 기술개발과 새로운 시장 개척에 나섰다.

2001년 8월 세계최초로 1기가 낸드플래시를 내놓은 것을 시작으로 2002년 2기가, 2003년 4기가 등으로 매년 집적도를 2배씩 올렸다. 이른바 '황의 법칙'으로 불리는 '메모리 신성장론'을 그대로 실천에 옮긴 것이다.

2004년 8월에는 세계최초로 60나노 8기가 낸드플래시 개발에 성공하며 다시 한번 세계를 놀라게 했다. 그 결과 플래시메모리는 휴대폰, MP3, 디지털카메라, 디지털TV 등 새롭게 부상하고 있는 디지털기기의 핵심 기억장치로 자리를 잡았다.

D램만 가지고 PC시장 부침에 따라 춤을 춰야 했던 삼성전자 반도체사업의 실적은 2003년부터 급신장의 길로 들어섰다. 주력사업인 D램에서도 삼성전자는 세계 최고의 기술력을 보유하고 있다. 생산성 향상의 결정적인 기술인 나노공정을 적용하는 비율이 80%로 세계 메모리업체 중 최고수준이다.

1996년 1기가 제품이 나온 이래 8년간 누구도 해내지 못했던 80나노 2기가 D램을 황사장은 2004년 보란듯이 개발에 성공했다. 5년 후쯤 먹거리가 될 세계최대 용량인 64Mb P램 개발도 세계최초로 이뤄놓았다.

황사장은 여기에 만족하지 않고 또다른 신시장을 향한 진군을 시작했다. 비메모리사업이다. 자신의 지론인 유목민 정신을 직접 실천하는 것이다.

메모리에만 안주했다가는 세계 최고의 반도체기업이 되기는커녕 오히려 머지 않아 도태될 수 있다는 것을 누구보다 잘 알기 때문이다. CIS(CMOS 이미지센서), 옵티컬 플레이어(Optical Player)용 SoC, 스마트카드칩, 모바일 CPU, DDI(디스플레이구동칩) 등 5개의 핵심 비메모리 제품에서 2007년까지 세계 1위로 오른다는 목표도 세웠다.

세계 최고속도인 모바일용 667㎒ CPU를 개발하며 비메모리사업에서도 이미 상당한 기술력을 축적했음을 보여줬다.

2005년 3월 삼성전자가 개최한 'SMS포럼'이 열린 대만 타이페이에서 황사장과 직접 만나 인터뷰를 했다.

? 플래시메모리 사업이 지속적으로 성장하고 있다

"플래시메모리의 수요가 급증하고 있는 것은 사실 삼성전자가 직접 창출한 수요다. 2006년 말까지는 지금과 같은 수요가 지속될 것으로 본다. 이후 수요가 줄어들 경우 가격을 30~40% 내리면 수요가 다시 2~3배 뛰게 된다.
메모리카드의 경우 512메가가 70달러로 떨어지면서 수요가 폭발했다. 2005년 말 1기가가 70달러로 떨어지고, 2006년 2기가 제품이 70달러로 떨어지면 메모리카드의 중심은 점차 512메가에서 1기가와 2기가로 바뀌게 될 것이다."

? 삼성은 특히 낸드플래시에 주력하고 있는데 노어형을 극복할 자신은 있는가

"아이서플라이 조사에 따르면 오는 2008년까지 낸드플래시메모리가 노어플래시메모리를 앞서지 못하는 것으로 되어 있다. 하지만 이는 잘못된 전망이다. 2005년을 기점으로 낸드플래시가 노어플래시메모리 규모와 비슷해지거나 더 커지게 될 것이다.
또 플래시메모리가 하드디스크를 빠른 속도로 대체하고 있다. 하드디스크에 비해 플래시메모리의 장점이 많다. 가격경쟁력뿐

만 아니라 제품 디자인에도 유리하다. 소비전력도 낮고 충격에
도 훨씬 안정적이어서 모바일 제품에는 하드디스크에 비해 훨씬
뛰어나다. 앞으로 2~3년 내에 10기가 이상 디지털제품의 메모
리는 하드디스크에서 플래시메모리로 급속하게 대체될 것이다."

? 모바일 컨버전스 시대를 맞아 IT시장의 경쟁판도도 크게 바뀔 가능성
이 높은데

"세계 IT업계의 판도는 한 치 앞도 내다보기 어려울 정도다. 모
바일 컨버전스가 급격히 전개되면서 절대 강자가 없어졌다. 누
가 먼저 소비자에게 어필하는 제품을 내놓을 수 있느냐에 따라
급격하게 판도변화가 일어나고 있다.
MP3플레이어는 이미 7~8년 전에 출시된 제품이다. 하지만 애
플이 매력적인 디자인으로 소비자들에게 와닿는 컨셉의 제품을
내놓아 세계 MP3플레이어 시장을 창출하고 장악했다.
결국 누가 차별화된 제품으로 시장을 만들어내느냐가 중요하다.
그런 면에서 세계 IT시장의 판도변화는 삼성전자에게 유리하다.
인텔의 경우 기업역량의 80~90%가 PC에 집중되어 있다. 반면
삼성전자는 모바일과 관련한 토털 솔루션을 보유하고 있다. 삼
성전자는 모바일 혁명과 관련해 주도적인 역할을 할 수 있는 역
량을 갖췄다. 모바일과 관련한 모든 솔루션을 내부에 가지고 있
기 때문이다."

"플래시메모리는 삼성전자가 시장의 60%를 점유하고 있어 시장 가격을 조정할 수 있지만 D램 가격은 수급에 따라 결정되는 경향이 강하다. 현재의 D램 가격은 너무 비싸다. 값이 더 떨어져야 한다. 지난해 오히려 D램 가격이 0.6% 가량 올랐다. 이는 바람직한 현상이 아니다. PC 가격에서 메모리가 차지하는 비중이 8% 정도다. 1기가가 보편화 되기 위해서도 D램 가격은 8% 미만으로 내려가야 한다."

"메모리 신성장 이론은 여전히 지속되고 있다. 이제 정보전달의 기본단위가 처음에는 문자에서 화상으로, 이제는 동영상으로 옮겨가고 있다. 이 같은 변화의 중심에 플래시메모리가 있다. 플래시메모리가 시장을 지속적으로 이끌어갈 것이다. 지켜봐달라."

5 애니콜 신화
이기태 정보통신총괄 사장

약 력
• 1948년 대전생
• 보문고 − 인하대 전기공학과 −
  서울대 최고경영자과정(AMP) 수료
• 1973년 삼성전자 입사
  1985년 삼성전자 비디오생산부장
  1994년 삼성전자 무선부문 이사
  1996년 삼성전자 무선사업부장(상무)
  2000년 삼성전자 정보통신총괄 대표이사 부사장
  2001년 삼성전자 정보통신총괄 사장

삼성전자가 글로벌 기업으로 도약하는 데는 브랜드 경영이 큰
힘이 됐다. 삼성이란 브랜드 가치를 높임으로써 세계적인 명성
을 확보한 전략이다. 그 전면에 이기태 정보통신총괄 사장이 서
있다.

이사장은 국내 산업에서 브랜드 경영의 새로운 지평을 연 대표

적인 창조형 경영자다. 그는 1994년 무선부문 이사를 맡으며 애니콜 신화를 주도하게 됐다. 그해 7월 결정된 '애니콜'이란 브랜드는 2003년 30억 달러 가치로 성장했다. 당시 1995년 '한국지형에 강하다'는 슬로건을 내걸고 한국시장을 장악하고 있던 모토로라를 누르고 국내 휴대폰 1위에 올랐다.

이사장이 애니콜 신화를 이끌어낸 전략은 '명품 전략'이다. 휴대폰을 루이비통, 페라가모와 같은 반열의 명품으로 대접 받겠다는 목표를 세운 것이다.

그는 이를 위해 '월드퍼스트, 월드베스트(World First, World Best)' 전략을 가동했다. 이처럼 명품을 만들어내는 이사장이 휴대폰 출시여부를 결정하는 비결은 무엇일까?

세계적인 명품답게 철저한 과학적인 분석이 뒷받침될 것으로 예상되지만 정답은 의외로 '손맛'이라고 한다. 새로운 제품이 만들어지면 이사장은 일단 손 위에 놓고 느껴본 뒤 출시를 결정한다. "제품이 어떤 느낌을 주는가가 중요한 데 휴대전화를 만지고 쥐어 보는 것으로 충분하다"는 이유에서다.

휴대폰에 완전히 심취하지 않고는 불가능한 일이다. 주변에서는 삼성전자 애니콜이 세계 1,2위인 노키아와 모토로라를 언제쯤 추월할 것인지에 관심을 쏟는다.

하지만 그는 "시장점유율이나 매출액 기준으로 업계 1위가 되기를 바라지 않는다. 분명한 목표는 삼성전자를 세계에서 가장 강하고 뛰어나며 존경 받는 기업으로 만드는 것"이라고 단언한다. 순위보다는 소비자가 사용하기 쉽도록 UI(유저인터페이스)를 혁신하고 디자인을 고급화하는 등 질적인 승부를 통해 삼성전자를 프리미엄 브랜드로 유지하는게 그에게는 더 중요하다.

이처럼 섬세하게 휴대폰을 개발하고 키워가고 있지만 사실 그의 성격은 외모처럼 투박하고 거침이 없다. 대화를 할 때에도 둘러가는 법이 없다. 잘못된 기사가 나면 본인이 직접 해당 기자에 전화를 걸어 항의할 정도다.

1973년 삼성전자에 입사한 이후 한우물만 파왔다. 삼성전자 내에서 '라디오과 – 음향1과 – 음향품질관리실 – 비디오 생산부'를 거치며 착실하게 실력을 쌓았다. 불같은 성격인지라 부당한 일을 겪으면 참지 못한 경우도 적지 않았다. 심지어는 2001년 사장이 된 이후에도 사표를 낸 적이 있다고 한다.

세계 최고의 휴대폰을 만들기 위해 여념이 없던 1995년 3월, 삼성전자의 품질경영을 단적으로 보여주는 화제의 '화형식'이 구미사업장에서 열렸다. 품질에 문제가 있다는 지적을 받은 이사장이 500억 원어치가 넘는 휴대폰 15만 대를 잿더미로 만들어버린 것이다.

지금의 애니콜 신화는 불량품을 과감히 내던진 이사장의 결단력이 없었다면 불가능했다는 게 내부의 평가다.

2005년 3월 독일 하노버에서 열린 '세빗 2005' 전시회에서 그를 만나 미래의 애니콜 전략을 들어봤다.

? 세빗전시회를 둘러본 소감은

"지난 1987년부터 세빗에 참가했다. 정보통신이 발전하기 전에는 일본업체에 많이 밀렸다. 디지털 세상이 도래하면서 한국에 대한 인식이 많이 달라졌다. 이제 세빗에서 삼성전자는 세계 정상의 기업들과 어깨를 나란히 하게 됐다."

? 경쟁사들이 WCDMA에 대한 투자를 강화하고 있다

"삼성전자도 2005년 WCDMA 모델을 상반기 10개를 비롯해 총 30개의 선보일 예정이다. 2005년 WCDMA수요는 5,000만 대로 예상된다. 3G에 대한 각축전이 2005년에도 이어질 것이다."

? 4세대(4G) 시장은 언제 열릴 것으로 보는가

"국내외에서 표준화작업을 꾸준히 진행중이며 내년에 어느 정도의 윤곽이 제시될 것으로 본다. 서비스는 2012년 쯤에 시작될 것으로 예상한다."

"통신 단말기 사업의 경우 서비스 사업자의 요구에 부합되어야 하기 때문에 칩이나 CPU 자체개발을 시도한다면 리스크가 너무 크다. 비용이 많이 드는데 비해 우리가 개발한 부품을 사업자들이 인정할 지 여부가 불명확하다."

"중요한 것은 몇 대를 팔았느냐가 아니다. 단기간에 양적인 성장을 추구한다면 세계 시장을 뒤집을 수 있다. 저가공세로 나간다면 단기간에 시장판도를 바꿀 수 있다는 것이다. 하지만 양적인 성장보다는 질적인 측면이 중요하다."

"2004년 12월 ETRI(한국전자통신연구원)와 발표한 와이브로는 9대 신성장 동력 중 하나다. 2006년 6월중 사업자를 선정하는데 한국의 IT산업을 바꿔놓을 획기적인 전환점이 될 것이다. 시속 60㎞ 속도에서 50Mbps로 서비스된다. 나노테크와 바이오테크와 합쳐지면 엄청난 시너지 효과가 날 것이다. 와이맥스와 호환되면 유비쿼터스 사회에 거의 근접한 단계까지 온 것이다."

카메라는 물론 MP3, 프린터까지 이제 웬만한 기기는 휴대폰으로 컨버전스가 이뤄지고 있다. 디지털컨버전스가 이제 한계에 온 것 아니냐는 지적이 있는데

"디지털컨버전스는 개인이나 소집단 아이디어에 의해 얼마든지 발전한다. 무궁무진한 기회가 우리를 기다리고 있다. 속도로 표현하면 마하의 세계라고 볼 수 있다. 바이오테크놀로지에 기능이 다 들어갈 것이다. HSDPA만해도 3세대 이동통신보다 7배나 빠르다. 바이오와 나노가 결합되면 수소폭탄급 위력을 발휘할 것이다. 뇌세포까지 자극하는 제품이 등장할 것으로 믿고 있다. 이 같은 미래는 한국으로서는 IT강국의 확실한 면모를 보여줄 수 있는 좋은 기회가 될 것이다."

6 디스플레이의 거인
이상완 LCD총괄 사장

약 력
· 1950년 서울생
· 서울고 – 한양대 전자공학과 –
  연세대 대학원 경영학과
· 1976년 삼성전자 입사
  1989년 삼성전자 이사보
  1995년 삼성전자 상무
  2000년 삼성전자 AMLCD담당 대표이사 부사장
  2001년 삼성전자 AMLCD담당 사장
  2004년 삼성전자 LCD총괄사장

이상완 LCD총괄 사장은 한국 디스플레이 산업을 초기부터 이끌어온 대표적인 인물이다.

이사장의 본래 태생은 반도체 쪽이다. 1974년 한양대 전자공학과를 나와 1976년 삼성전자에 입사한 이후 반도체에서 생산기술, 마케팅 등을 맡았으며 1992년에는 주문형 반도체 마케팅총괄을 담당하기도 했다.

디스플레이와 인연을 맺은 것은 1993년 당시 반도체총괄 내에 속했던 LCD사업부장을 맡고부터였다. 2001년 AM(능동형) LCD 사업부 총괄사장에 오르는 등 현재까지 삼성전자 LCD사업을 진두지휘하고 있다.

그러고보면 디스플레이와 함께 한 지도 벌써 13년이 됐다. 세계 디스플레이 업계에서 이처럼 오랜기간 한우물을 판 전문 CEO도 드물다. 그만큼 세계 디스플레이 시장에서 이사장의 영향력은 절대적이다. 기술, 시장, 투자 등 전부문에서 탁월한 식견은 이미 세계적으로 인정받고 있다. 세계 각국의 디스플레이 전문가들이 이사장과 면담을 하고 싶어 줄을 설 정도다.

그의 실력은 일본에 한참 뒤진 채 후발업체로 출발한 삼성의 LCD 사업을 출범 4년만에 세계 최대규모로 올려놓은 것만으로도 검증이 된다. 일본의 소니는 삼성전자의 LCD패널을 안정적으로 공급받기 위해 삼성과 공식 제휴를 맺고 공동투자에 나섰다.

이사장의 경영스타일은 상당히 공격적이다. 일본이나 대만업체들이 불투명한 시장 전망으로 투자를 주저하던 시기에 수조 원을 투입해 충남 탕정의 LCD단지 구축에 나섰다.

후발주자의 한계를 극복하기 위해 LCD의 종주국인 일본 샤프와는 다른 표준 화면크기를 결정하고 밀어부쳤다. LCD에서 표준은 TV 화면에서 누구의 것이 채택되느냐에 따라 완전한 실패를 가져올 수도 있는 도박에 가까운 결정이다.

샤프의 표준크기를 그대로 따라 갔다가는 샤프를 극복할 수 없다는 판단에 모험을 건 것이다. 이사장의 판단은 그대로 적중해 삼성전자는 32인치와 40인치를 세계시장에서 대표적인 LCD화면으로 정착시켰다.

탕정의 7세대 공장도 마찬가지다. 대만이나 국내 경쟁사가 6세대 생산공장을 지을 때 삼성은 5세대에서 바로 7세대로 건너뛰었다. PDP의 전유물로 여겨졌던 40인치대 시장을 선점하겠다는 목표아래 과감한 투자에 나선 것이다. 그래서 그의 별명은 '불도저'이다. LCD사업 초기에 장화를 신고 공장 건설현장을 누빌 때부터 따라다녔다.

이사장은 이제 새로운 도전을 시작했다. 2005년 4월 탕정 7세대 라인이 가동에 들어갔다. 서서히 생산비중을 올려 2005년 말쯤부터 풀가동 상태에 들어감으로써 세계최초로 40인치 LCD패널의 양산에 들어가게 된다. LCD업체간의 경쟁만이 아닌 다른 디스플레이인 PDP와의 경쟁까지 예고되는 대목이다.

2004년 4월 일본의 대표적인 디스플레이 전시회인 'EDEX'가 열리는 도쿄에서 그를 만났다. 그는 일본의 심장부에서 일본업체들의 아성인 중소형 LCD 분야에 대한 도전장을 내던질 정도로 과감했다.

삼성전자가 대형 LCD패널에 대해서는 세계 1위에 올랐지만 노트북이나 모니터용 패널, 모바일기기용 LCD 등에서는 일본업체들의 아성이 두터웠다.

"1995년에 삼성전자가 처음으로 LCD 양산을 시작했는데 1994년에 일본에서 열린 세미나에 인사겸 처음 참가한 기억이 난다. 당시만해도 일본이 시장의 95%를 차지하고 있었는데 이젠 한국이 많이 발전했다. 이젠 오히려 대만과 경쟁하는 상태로 바뀌었다."

"앞으로 TV용 LCD의 생산비중을 전체의 40%까지 늘리는 한편 지난해부터 본격적인 투자를 시작한 모바일용 LCD 부문에서도 일본업체들과 차별화한 기술을 토대로 시장점유율을 크게 늘려나갈 것이다."

"유비쿼터스 시대에 중소형 LCD를 무시하지 못한다. 캠코더, PDA, DVD플레이어, 디지털카메라 등 각종 모바일 디지털기기에 모두 사용되고 하물며 일본에서는 빠징꼬에도 들어간다. 삼성전자는 노트북용, 모니터용, TV용, 모바일기기용 등 4가지 부문의 포트폴리오를 안정되게 가져갈 것이다."

? LCD 4개 부문의 생산 비중은 어떻게 되나

"현재는 TV용과 모바일용이 10%씩이고 모니터가 45%, 노트북이 35%인데 2010년에는 TV용이 40%, 모니터용이 30%, 노트북용과 모바일용이 15%씩으로 바뀔 것이다."

? 모바일기기용에선 일본업체들이 강세인데 경쟁에서 이길 복안은 있는가

"모든 기술인력과 사업팀을 묶어주고 개발과 생산, 영업을 소단위 사업팀에서 주도하도록 배려하고 있다. 기흥의 초기라인을 모두 중소형으로 쓰고 모자랄 경우 천안 3, 4라인의 일부도 모바일기기용으로 사용할 것을 검토하고 있다. 기술적 측면에서도 독자적인 광시야각 기술인 mPVA와 고해상도 기술인 SLView 등의 핵심기술로 시장을 공략할 계획이다."

? 일본업체들이 견제가 걱정되는데

"일본업체들과는 경쟁은 하되 서로 협력하는 분위기를 조성하려고 한다. 기술적으로 교류도 하고 서로 부족한 부분을 주고받는 등 협조할 것이다."

"중국 쑤저우의 월 100만 대 규모 조립공장은 지속적으로 생산량을 늘려갈 계획이다. 2005년에는 전체 LCD 생산량의 50%에 달할 것이다. 이곳에서 조립된 모듈 제품은 중국 현지 노트북이나 PC업체로 직접 조달된다. 유럽에서도 장기적으로는 설립을 검토할 수 있으나 아직 계획은 없다."

디지털 르네상스
7 최지성 디지털미디어총괄 사장

약 력
- 1951년 강원 삼척생
- 서울고 – 서울대 무역학과
- 1977년 삼성물산 입사
  1985년 삼성반도체 독일사무소장
  1992년 삼성전자 메모리수출담당 사업부장
  1996년 삼성전자 반도체판매사업부장(상무)
  1998년 삼성전자 반도체판매사업부장(전무)
  2003년 삼성전자 디지털미디어총괄 부사장
  2004년 삼성전자 디지털미디어총괄 사장

최지성 디지털미디어(DM)총괄 사장은 전형적인 영업맨 출신이
다. 서울고와 서울대 무역학과를 나온 그는 1977년 삼성물산에
입사하면서 영업인생을 시작했다.

당시 입사희망 지원서에 1지망, 2지망, 3지망 모두 삼성물산을
적어냈다. 적당한 때 회사를 나와 오퍼상을 차릴 생각이었다고

한다. 삼성물산에서 첫 부서는 이쑤시개부터 문구. 주방용기 등을 파는 잡화과였다. 문구류를 수출하기 위해서 문구에 대한 지식을 먼저 쌓은 후 단가를 맞출 수 있는 업체를 찾아 바이어와 가격 협상을 하고 신용장을 개설하는 등 원가분석, 금융, 무역 등 영업을 위한 기초를 닦았다.

1981년 그룹 비서실 기획팀으로 발령 받아 4년 동안 비서실에서 근무한 후 그는 다시 영업현장으로 뛰쳐나갔다. 이번에는 전혀 경험이 없는 반도체 해외영업이었다. 1985년 1월부터 삼성반도체통신 유럽지사에서 일하게 된다.

지금이야 삼성전자의 대표사업이지만 당시만 해도 삼성전자에서 반도체는 골칫덩어리였다. 최사장은 미지의 세계에 도전한 것이다.

프랑크푸르트 사무실에 도착하자마자 집어든 것이 1,000여 페이지짜리의 《VLSI제조공정》이란 책이다. 한마디로 달달 외웠다고 그는 회고한다. 당시만 해도 삼성은 유럽시장에서 반도체 매출이 거의 없었다. 부임해보니 사무실에 박스 3개에 담긴 D램 반도체 2만여 개만 덩그러니 놓여있었다.

여기서 최사장이 선택한 것은 전화번호부였다. '전자'나 '컴퓨터'란 글자만 보이면 전화를 걸어 "반도체를 사달라"고 졸랐다. 불도저와 같은 추진력이 없었다면 불가능한 일이었다.

부임 첫 해인 1985년 100만 달러, 1986년 500만 달러, 1987년 2,500만 달러로 성장하더니 1988년엔 1억2,500만 달러의 매출을 올렸다.

반도체 설명책자와 샘플을 가방에 넣고 자동차를 몰아 직접 국경을 넘어다니기도 했다. 거래선을 찾아 가다가 알프스 눈길에서 교통사고를 당했던 일은 아직도 삼성전자 영업맨들 사이에는 신화와 같이 전해져 내려온다.

무역학과를 나온 상사맨이 27년만에 반도체 영업맨을 거쳐 삼성전자 CEO 자리에 오른 것은 지독한 승부근성과 꾸준한 노력 덕분이었다.

그는 "최선을 다하지 않는 젊음은 방종에 지나지 않는다. 숱한 밤길을 달려 알프스를 넘어갔던 열정이 없었더라면 오늘의 나도 없었을 것"이라고 늘상 말한다.

2005년 1월 미국 라스베이거스에서 열린 북미지역 최대 가전전시회인 '2005 CES'에서 지금 맡고 있는 디지털미디어 사업에 대한 비전을 밝혔다. 그는 이 자리에서 2005년을 '디지털가전 최고기업' 진입의 원년으로 선언했다.

이를 위해 2006년까지 디지털TV, 모니터, 레이저프린터, 디지털 캠코더, DVD레코더, MP3 등 6대 전략 품목을 세계 3위 이내에 위치하는 세계 일류화 제품으로 육성한다는 전략도 제시했다.

? 세계 디지털가전 시장의 경쟁이 더욱 격화되고 있는데 대비책은 있는가

"삼성전자는 세계최대의 102인치 PDP TV, 세계최초의 지상파 DMB TV 등 이미 기술선도와 신개념 제품의 상품화에 성공함으로써 기술력에서도 선발주자의 위치에 올라섰다. 문제는 지금부

터이다. 이제는 시장을 창출하는 밸류 이노베이터(Value Innovator)로 재도약해야 한다. 이를 위해 2004년 곡면 브라운관 TV에 이어 2005년 VCR 사업을 중단하는 등 저부가 아날로그 제품을 과감히 정리하고 있다. 디지털가전 부문에서 세계최고의 기업이 되기 위해서는 사업구조부터 디지털 중심으로 혁신해야 한다."

? 원대한 목표를 제시했는데 실현할 수 있나

"2005년 디지털가전 매출 목표는 20조 원으로 전년 17조 5,000억 원보다 14% 성장하는 규모이다. 장기적으로는 7~10%의 영업이익률 구조를 완성해 세계 디지털가전 업계 최고의 수익성도 확보할 계획이다. 목표를 이루기 위해서는 글로벌 R&D 역량강화, 시장밀착형 현지화 마케팅 확대, 최적화 된 글로벌 경영체제 구축 등이 필수적으로 수반돼야 한다."

? 글로벌 생산이 확대되면서 경영체제이 재편도 필요한 것 아닌가

"미국, 중국, 러시아 등 전략국가의 총 매출을 지난해 52억 달러에서 2005년 66억 달러로 26% 늘릴 계획이다. 개발, 생산, 마케팅, 서비스 등 경영 전부문을 모두 현지화하는 현지 완결형 글로벌 경영체제를 구축할 것이다. 이를 통해 유럽, 미주, 중국 등 해외 생산비중을 90%까지 끌어올린다는 방침이다.

대신 한국 본사는 세계표준을 주도하고 신개념의 상품을 개발하는 R&D와 마케팅 기능에 집중하고, 생산도 최고급의 전략 제품이나 신기술 적용 제품 등에 치중할 것이다."

❓ 제품별로도 세계 1등을 넓혀가야 할텐데

"TV사업은 세계 최대 PDP TV, 면광원과 LED(백색발광다이오드)를 채용한 초고화질 LCD TV, 최대 명암비의 프로젝션 TV 등을 통해 세계 1위의 위치를 공고히 할 예정이다. 프리미엄 브랜드 전략을 뒷받침하기 위해 50인치 이상 PDP TV, 20인치 이상 LCD TV, DLP 프로젝션 TV 등의 비중을 크게 높인다. 디지털 TV의 2005년 매출을 전년대비 102% 늘릴 계획이다.

DVD플레이어, 디지털캠코더, 셋톱박스 등 디지털비디오 사업도 DVD레코더에서 200만 대 이상을 판매에 세계 3위에 안착하고 셋톱박스도 세계 5위권에 진입한다는 목표를 세웠다."

8 마이다스의 손
이현봉 생활가전총괄 사장

약 력
• 1949년 경남 함안생
• 진주고 – 서울대 경영학과졸 –
  고려대 노동대학원 수료
• 1976년 삼성전자 입사
  1985년 삼성전자 가전수출1부장
  1995년 삼성전자 이사
  1996년 삼성전자 인사팀장(상무)
  1999년 삼성전자 인사팀장(전무)
  2001년 삼성전자 인사팀장(부사장)
  2003년 삼성전자 국내영업사업부 사장
  2005년 삼성전자 생활가전총괄 사장

국내영업사업부를 총괄하고 있던 지난 2004년 여름.

태평로 삼성 본관에서 기자와 만난 이현봉 사장은 "1인당 국민
소득 2만 달러 달성을 위해선 산업 전반에 걸친 의식 전환이 선
행돼야 한다"고 말문을 열었다.

"민간 사업체 하나하나가 소득을 2배로 늘려 '2만 달러 사업체'

로 거듭나야 한다"는 얘기도 덧붙였다.

"일본에서는 과거 총리가 앞장서서 소득배가 운동을 펼친 적이 있는데, 요체는 기업이든 음식점이든 은행이든 각 주체가 결국 2만 달러 국가에 어울리는 사업체로 업그레이드하는 수밖에 없다"는 얘기다.

국내 가전시장을 총괄하는 책임자가 뜬금없이 2만 달러 얘기를 꺼낸 이유는 삼성전자의 대리점들이 2만 달러 시대를 대비한 업그레이드 작업을 한창 실시하고 있었기 때문이다.

당시 삼성전자는 자사 가전제품 판매장 크기를 과거보다 2배가량 큰 100평으로 확장하고 매장당 종업원 수도 5명 안팎에서 10여 명으로 2배 늘리는 유통망 정비작업을 추진했다. 국민소득 2만 달러 수준의 점포로 고치는 셈이다.

매장 이름도 '디지털 플라자'로 통일했다. '대리점'이라는 이름은 판매주체 쪽에서 바라본 개념이고, 고객 입장에서는 '디지털을 즐기는 공간'이어야 하기 때문에 그런 이름을 붙였다.

삼성은 전국에 이런 매장을 모두 700개로 확대해나갈 계획이다. 이 같은 점포 확장계획을 통해 이미 3,000명의 고용창출 효과도 거뒀다. 여기에 투자된 돈만도 2003년 3,000억 원과 2004년 2,000억 원을 합해 모두 5,000억 원에 달한다.

이사장이 손댄 디지털 플라자는 단순한 외형변화만 가져온 게 아니었다. 일부 점포에는 스타벅스 커피점이 안으로 들어왔다. 고객 입장에서 매장을 어떻게 디자인하는 게 최선일까 생각한 결과다. 고객 편리를 위해 매장 안에 현금입출금기도 설치했다.

중소기업 지원 차원에서 100여 개 중소 전자업체가 생산한 제품을 팔아주는 사업도 했다. 디지털 플라자 매장 20평 정도를 할애해 이들 업체가 생산한 믹서기, 주스기 등 500개 아이템을 판매한 것이다. 자금이 없어 독자적인 매장을 마련하기 어려운 중소기업으로서는 감지덕지다. 한마디로 한국 가전 대리점의 혁신을 진두지휘한 것이다.

이렇게 판매망의 혁신을 완료한 이사장은 2005년 1월 가전생산까지 총괄하는 생활가전총괄 사장으로 선임됐다. 이처럼 사장 승진 이후 국내 활동에 치중해온 이사장은 사실 해외영업, 인사팀장 등을 두루 거친 전천후 경영인이다.

1991년 스페인 바르셀로나 법인장을 맡았을 때는 남부 유럽을 휩쓸고 다녔다. 1997년 인사팀장에 올라서는 구조조정을 직접 실시하는 고된 역할을 수행했다. 해외시장을 주름잡던 수출통이었다. 하지만 지금 그의 머릿속은 온통 삼성전자의 가전사업을 어떻게 부흥시키느냐에 모아지고 있다.

생활가전총괄 사장에 오르자마자 공격경영의 출사표를 던졌다. 국내영업 강화를 위해 핵심 제품군별 마케팅 역량 집중 강화, 대리점 복합화를 통해 초일류 유통점 변신, 고급프리미엄 제품군 시장 리더십 유지, 유통 지원 시스템 구축을 통한 영업 인프라 조기 구축 등의 구체적인 전략도 세웠다.

제품군도 달라진다. 디지털TV, 노트북 등 성장제품에 대한 판매를 확대할 계획이다. 슈퍼바이저를 통해 경영 컨설팅을 할 예정이며 매장경영 관리 시스템과 고객 데이터 관리 시스템을 조기

구축해 대리점주가 매장에서 판매에만 전념할 수 있도록 지원할 계획이다.

이사장은 "삼성전자는 그동안 지속적인 유통혁신을 추진하여 전국에 자체 유통망을 구축, 매출과 점포수 면에서 국내 최고 수준으로 거듭났다"며 "이제부터는 차별화된 서비스와 자체 유통망 확대를 통해 삼성전자의 국내영업 활동이 침체된 국내 경기에 활력이 되기를 기대한다"고 말했다.

이 같은 전략은 곧바로 효과를 보고 있다. 2005년 2분기에 매출 1조 원을 기록, 분기 매출 1조 원 고지를 탈환했다. 삼성전자 생활가전 부문이 분기 매출 1조 원대를 회복한 것은 지난 2002년 2분기(1조 650억 원) 이후 3년만에 처음이다.

영업이익도 300억 원으로 2004년 1분기(570억 원) 이후 5분기만에 흑자로 전환했다. 물론 가전 부문의 실적 개선이 뚜렷해진 것은 에어컨 판매 등 '무더위 특수'도 한몫 했다. 하지만 2004년부터 가시화된 광주공장 중심의 생산체제 개편 및 고수익 위주의 구조조정 작업이 주효했기 때문으로 풀이할 수 있다.

삼성전자는 2004년 4월 전자레인지 국내 생산을 완전히 접은데 이어 세탁기, 에어컨 라인을 수원에서 광주 공장으로 이전, 생활가전 광주 시대를 개막했다.

이사장은 이에 그치지 않고 중장기적으로 광주공장을 홈네트워크, 로봇가전 등 '유비쿼터스 가전' 전문단지로 육성할 계획이다. 이사장은 이를 두고 '광주 생활가전 르네상스'라는 표현을 쓴다.

2007년 가전 매출을 100억 달러 수준으로 확대해 가전 부문에서도 초일류 브랜드로 도약한다는 목표도 세웠다. 비데, 밥솥, 가습기 등을 제조하는 자회사 노비타를 매각, 소형 생활가전 사업을 철수하는 등 사업 구조조정에도 속도를 냈다. 구조조정 전문가다운 솜씨가 곧바로 발휘되고 있는 것이다.

윤종용 부회장은 자신이 직접 책임지고 키우던 생활가전총괄 사장 자리를 이사장에게 넘겨줬다. 주변에서는 이를 두고 삼성전자 생활가전 사업의 공격경영 신호탄으로 평가했다. 만년 2위에 머물렀던 생활가전 분야를 초일류로 키우라는 주문인 것이다. 이사장의 앞으로 행보를 주목해야 하는 이유다.

직접 기른 핵심인재
9 임형규 삼성종합기술원 원장

약 력
- 1953년 경남 거제생
- 경남고 – 서울대 전자공학과 –
  한국과학기술원 전자공학과 석사 –
  미국 플로리다대 전자공학 박사
- 1976년 삼성전자 입사
  1991년 삼성전자 연구위원(이사)
  1994년 삼성전자 메모리본부 연구위원(상무)
  1999년 삼성전자 메모리개발사업부장(부사장)
  2000년 삼성전자 시스템LSI담당 대표이사 부사장
  2004년 삼성전자 CTO
  2005년 삼성종합기술원 원장

세계 1등 제품을 줄줄이 뽑아내는 삼성전자 기술의 산실은 CTO
총괄과 삼성종합기술원이다. CTO총괄은 중기와 단기 기술개발
에 초점을 맞추며 종합기술원은 장기적인 기술개발 과제, 즉 기
초기술 확보에 주력한다. 세계 최고수준의 기술을 확보하기 위
해서는 어느 것 하나 소홀히 할 수 없다.

양쪽의 최고 책임자를 역임하며 삼성전자의 '기술'을 책임지고 있는 인물이 임형규 삼성종합기술원 원장이다. 임원장은 1953년 경남 거제 출신으로 경남고와 서울대학교 전자공학과를 나온 뒤 한국과학기술원에서 석사학위를 받았다. 그는 삼성이 자체적으로 양성한 해외박사 1호다.

1976년 반도체 연구원으로 입사한 후 회사에서 유학을 보내줘 1984년 미국 플로리다대에서 전자공학 박사학위를 받았다. 반도체 총괄 산하 메모리사업부장과 시스템LSI사업부장 등을 거쳐 2004년 전사 CTO로 임명됐고 2005년부터는 삼성종합기술원을 이끌고 있다.

좀처럼 외부에 모습을 드러내는 일이 없는 그를 2005년 10월에 만나 삼성의 기술전략과 국가경쟁력 제고 방안, 이공계 대책 등에 대해 물어봤다.

? 삼성전자가 세계시장 점유율 1위 제품을 8개나 갖고 있는 것은 기술 덕분이라고 본다. 그 중에 삼성전자의 원천기술이 들어간 게 있나

"삼성의 새로운 캐시카우(돈벌이가 되는 사업)로 폭발적인 성장세를 보이고 있는 낸드 플래시가 그런 사례다. 사람들은 잘 모르겠지만 낸드 플래시에 대한 기본개념은 일본 도시바가 발명했지만 그것을 고집적화하는 데 필수적인 핵심기술을 삼성이 추가로 발명했다. 이로 인해 낸드 플래시의 용량을 비약적으로 늘릴 수 있게 됐다.

그 결과 10년이 지난 오늘날 엄청난 시장을 창출했고, 그 과실인 세계시장 점유율도 삼성전자가 60%나 장악하게 됐다. 우리 손에 의한 원천기술 발명은 이제부터 시작이라고 생각한다."

? 제품의 경쟁력은 부품에서 나온다지만 우리의 부품 경쟁력은 선진국에 비해 많이 뒤떨어져 있는 게 현실이다

"가장 걱정스러운 일이다. 일본은 기초소재와 부품산업에서 오랜 세월 축적된 탄탄한 기술과 노하우를 갖고 있다. 이것은 사업 도입기에 고가 전략을 가능하게 하고 많은 이익을 취하게 한다. 해당 제품이 성숙기로 들어간 뒤에도 한국이나 대만 중국 등에 관련부품과 특허를 팔아 돈을 번다. 우리도 그런 방향을 지향해야 한다."

? 한국이 LCD와 PDP에서 세계 최고라고 하지만 아직 수입의존도가 높은 것으로 알고 있다

"부품 · 소재 국산화율은 LCD가 60~70%, PDP가 55~65% 수준이다. 소재와 부품의 수입 의존도를 낮추는 작업은 국가 주력사업 중 하나로 키우고 있는 디스플레이 산업에서 시급하게 해결해야 할 과제다."

? 메모리 산업에서 중국의 가능성은 어느 정도인가

"중국은 아직까지 메모리사업에 본격적으로 손대지 못하고 있다. 메모리 반도체는 인건비가 큰 영향을 미치지 않는 사업이다. 전문기술자의 역량과 기술적 깊이가 전체를 먹여 살리는 업종이다. 따라서 중국이 짧은 시일 안에 우리를 제치고 두각을 나타내지는 못할 것으로 본다. 물론 장기적으로는 위협이 될 수 있다."

? 인텔은 삼성보다 매출이 작지만 이익 규모는 매우 크다. 삼성 비메모리 사업의 수준은 어느 정도로 평가하나

"삼성전자가 강점을 갖고 있는 메모리는 세계 반도체시장에서 비중이 20%에 불과하고, 80%가 비메모리다. 비메모리 반도체는 종류가 다양하고 분야별로 강자들이 포진하고 있는데 가장 큰 시장인 CPU에서 인텔이 워낙 강하다. DSP(아날로그 신호를 디지털로 바꾸는 칩)에서는 TI가, CDMA 모뎀은 퀄컴이 독보적이다.

삼성은 수많은 비메모리 중에서 성장 가능성이 높고 국내 전자산업과 상승(시너지) 효과를 낼 수 있는 10여 개 제품을 선택해서 중점 육성하고 있다. DDI(디스플레이 드라이버 IC), CMOS 이미지센서, 스마트카드, DVD 칩셋 등이 대표적이다. 이들 모두를 세계적인 수준으로 키울 자신이 있다. DDI 등은 이미 업계 1위에 올라섰다."

"기업환경은 나날이 전쟁이다. 이런 환경에 맞설 무기를 만드는 이공계야말로 치열한 전쟁터의 선봉이다. 국가가 앞장서서 이들을 영웅으로 만들어야 한다. 올림픽에서 금메달을 딴 사람 이상으로 각광받는 영웅이 돼야 인재가 몰린다. 연구조직도 1,000명 중 50명 정도가 리드한다. 5% 엘리트 수준이 곧 국가의 수준이 된다.

삼성을 비롯한 국내 우수기업들에는 50대 전후 기술전문가나 이공계 출신 경영자로 성공한 이들이 많은데 이것은 과거 정부의 정책 덕분이다. 한국과학기술원(KAIST)을 만들고 다양한 지원정책을 실시하는 등 이공계 육성을 위한 사회적 분위기를 조성하면서 우수한 인재들이 자연스럽게 이공계로 몰렸다.

서울대 이공계를 다니던 학생이 이공계의 미래에 불안을 느끼고 중도에 지방 한의대로 옮겨가는 현상은 국가 장래를 암담하게 만드는 치명적인 현상이다. 이공계 문제의 본질은 양의 개념이 아니라 질의 개념이다.

상위 1% 인재들이 이공계로 가서 기술을 통해 큰 사업을 만들어 내야 국가의 앞날이 보장된다. 그들이 의대, 한의대로 가면 개인적으로는 작은 성공을 거두겠지만 국가 전체의 힘은 쇠퇴할 수밖에 없다. 톱 1% 이공계가 톱 10%를 이끌고, 나머지가 따라서 열심히 일하면 국가는 발전한다."

한국 반도체의 미래
10 권오현 시스템LSI 사장

약 력
- 1952년 서울생
- 대광고 – 서울대 전기과 –
  한국과학기술원 전기공학과 석사 –
  미국 스탠포드대 전기공학박사
- 1977년 한국전자통신연구소 연구원
  1985년 삼성반도체연구소 연구원
  1991년 삼성전자 반도체부문 이사
  1994년 삼성전자 메모리본부 DVC기술연구위원(상무)
  1998년 삼성전자 전무이사
  2000년 삼성전자 부사장
  2004년 삼성전자 시스템LSI사업부 사장

권오현 시스템LSI 사장은 한국 반도체의 미래를 책임지고 있다고 해도 과언이 아니다. 삼성전자뿐 아니라 한국의 반도체 사업은 그동안 메모리 부문이 주력이었다.

하지만 세계 반도체시장에서 메모리부문이 차지하는 비중은 30%에도 미치지 않고 나머지는 비메모리제품들이다. 삼성전자는 비메모리사업도 2007년까지 세계 5위권으로 끌어올리겠다는 목표를 세워놓고 있다.

이 목표 달성을 책임지고 있는 인물이 권오현 사장이다.

정통 엔지니어 출신인 권사장은 1986년 삼성전자에 입사해 1996년까지 메모리 사업에 몸담았다. 1997년 시스템LSI사업부의 LSI제품기술실장, 1998년 ASIC 사업부팀장, 2001년 반도체 총괄 LSI 개발실장을 맡은 후 사장으로 승진했다.

권사장은 서울대 전기자공학과, KAIST 전기/전자공학 석사, 미 스탠포드대 전자공학 박사 등 전자공학 부문에서 최고의 엘리트 코스를 거쳤다.

메모리에 비해 더욱 높은 기술력과 축적된 노하우가 필요한 부문인 비메모리사업을 맡긴 것은 권사장이 쌓아온 반도체 분야의 기술적 진화 역량을 높이 평가했기 때문이다. 권사장은 반도체 핵심제품인 4메가, 16메가, 64메가 D램과 1메가, 4메가S램 및 4메가, 16메가 플래시메모리 등의 공정 개발에 줄곧 참여해왔다. 특히 64메가D램은 0.35미크론급 미세구조 셀을 기초로 기존의 16메가 D램과 대별되는 새로운 기술을 접목해 세계최초로 개발한 것으로 D램 집적화 기술의 새로운 장을 연 것으로 평가 받고 있다.

그는 비메모리분야에서도 탁월한 업적을 쌓았다. 1996년 말 500MHz로 당시만해도 세계 최고속도의 64비트급 마이크로프로세서인 알파칩을 개발했다.

그는 또 16메가 D램 반도체에 주문형반도체(ASIC)를 통합한

0.35미크론급 다기능칩(MDL, Merged DRAM with Logic)을 세계 최초로 개발했다. 비휘발성 메모리반도체와 자외선소거식 프로그래머블롬과 로직을 일체화한 스마트카드 IC용 0.6미크론급 복합칩(MNL, Merged NVM with Logic)도 그의 손을 거쳐 탄생했다. 또 2002년 디스플레이 구동칩 분야에서 세계 시장점유율 1위 등극을 달성하는 데 주역으로 활약하기도 하였다. 이는 비메모리 분야에서 처음으로 세계 1위 제품이 탄생되었다는 점으로도 매우 의미 있는 성과였다.

11 반도체 생산 달인
김재욱 반도체생산 담당 사장

약 력
• 1954년 서울생
• 성남고 - 한양대 전자통신공학과
• 1978년 삼성전자 입사
  1993년 삼성전자 기흥사업장 확산제조3부장
  1995년 삼성전자 FAB3팀장(이사)
  1998년 삼성전자 K2운영팀장(상무)
  1998년 삼성전자 기흥공장장(상무)
  2001년 삼성전자 기흥공장장(부사장)
  2005년 삼성전자 반도체생산담당 사장

지난 2005년 초 삼성그룹의 사장단 인사가 발표되자 세간에 주목을 받은 인물이 한 명 있었다. 반도체 생산담당 김재욱 사장이었다.

같이 사장으로 승진한 오동진 북미총괄, 양해결 유럽총괄 사장 등은 해외수출의 공로를 인정받았지만 김사장이 불쑥 올라오자

다들 배경에 촉각을 곤두세웠다. 이렇듯 김사장은 밖으로 드러나지 않은 삼성의 숨은 반도체 실력자이다.

그는 입사 이래 반도체 공장을 짓고 셋업을 마친 뒤 세계최고의 양산성 확보, 생산효율 향상 및 원가경쟁력을 높이는 업무만 도맡아 왔다. 진대제, 황창규, 임형규 등 삼성전자 반도체부문의 스타 경영진들이 나왔지만 대부분 해외 유명 대학에서 박사학위를 받아 반도체 개발을 주도해온 기술자들이었다.

반면 김사장은 삼성반도체 역사와 함께 온 '토종파' CEO이자 엔지니어로서 기흥 및 화성공장에서 묵묵히 생산·제조기술만을 담당하면서 삼성전자의 메모리 세계 1위 등극을 주도해온 인물이다.

1978년 삼성전자에 입사한 이래 기흥사업장 FAB3, 4팀장, K2운영팀장, 기흥공장장 및 FAB센터장 등을 역임한 경력이 이를 증명한다. 기흥과 화성공장에 세워진 16개 반도체 생산라인은 대부분 그의 손을 거쳐 건설되고 양산과정에 돌입했다.

김사장은 사장직에 올라서도 미국 현지공장을 포함해 6~14라인까지 총 11개 공장의 제조담당 최고 책임자를 맡았다. 일본 반도체공장장들이 대부분 라인 1, 2개 정도를 담당하는 것과 비교하면 반도체 생산에서의 그의 능력을 가늠해볼 수 있다. 실제로 김사장은 반도체 생산기술로는 세계적인 기록을 여러 개 배출했다. 2004년 9월 세계 최초로 90나노 공정의 D램 양산에 들어갔고 플래시메모리 부문에서는 90나노 공정 적용 비중이 80%로 세계최대 규모다. 플래시메모리의 90나노 이하 비중을 세계최고 수준인 90%까지 확대하는 것도 그의 손으로 이뤄진다. D램도 90나노 이하 비중을 100%까지 끌어올린다.

평소 김사장은 "최고에 도전하는 자만이 살아남을 수 있다"고 강조한다. 현장중심의 경영을 실행하고 누구도 따라올 수 없는 최고 수준의 도전목표를 스스로 제시한다. "할 수 있다고 생각하자. 해보지 않고 판단하지 말자"라는 말을 스스로 되새기며 이를 달성해왔다.

또한 그 어느 기업도 따라오지 못할 완전한 1위, 즉 'Only One Company'를 이룩하기 위해 벤치마킹 대상을 동종업체가 아닌 '도요타자동차'로 삼기도 했다.

도요타의 모든 혁신적인 활동을 반도체화해서 스스로 학습하는 자주적 조직인 SDWT(Self Directed Work Team)을 만들어 생산공기 60%, 웨이퍼 불량률 70%, 원가 매년 30~50%씩 절감 등 지속적인 혁신활동을 선도하고 있다.

12 전자수출 역군
오동진 북미총괄 사장

약 력
- 1948년 서울생
- 휘문고 – 성균관대 무역학과
- 1973년 삼성전자 입사
  1996년 삼성전자 상무
  1998년 회장비서실 경영지원팀장 전무
  1999년 삼성전자 동남아총괄 겸 SAPL법인장 전무
  2001년 동남아총괄 부사장
  2005년 북미총괄 사장

2005년 1월 신임 사장으로 승진한 오동진 북미총괄 사장은 1973년에 입사한 후 28년 동안 수출업무를 주로 맡으며 해외 시장을 개척하고 삼성의 브랜드 가치를 높인 '수출 역군'이다. 그 동안 세운 공로를 감안하면 오히려 사장 승진이 다소 늦었다는 평이 나올 정도다.

사실 오사장은 2001년부터 총괄사장을 맡고 있는 황창규, 이상완, 최지성 사장 등보다 입사도 빠른 선배격이다.

입사 초기에는 중동, 중남미, 동남아 등 신흥시장을 주로 맡아 신규시장을 개척하는 솜씨를 발휘했고, 1996년부터 3년간 회장 비서실로 옮겨와 감사팀장, 경영지원팀장을 맡으며 이건희 회장을 지근거리에서 보좌한 경험도 있다.

또한 2001년에는 동남아시장 수출을 확대한 공로를 인정받아 철탑산업훈장을 받기도 했다. 미주총괄 부사장을 맡은 2003년 이후에는 삼성전자가 미국 디지털 가전시장의 최강자로 부상하는 데 혁혁한 공로를 세웠다.

오사장은 그 동안 주력으로 맡아온 수출지역에서 알 수 있듯이 '일본 킬러' 라는 별명을 갖고 있다. 그와 맞붙은 일본 전자업체들은 대부분 삼성과의 대결에서 쓴잔을 마셔야 했다.

오사장은 일본의 텃밭인 동남아 TV시장에서 최강자인 일본 업체를 밀어내고 브라운관 TV 점유율 1위를 차지한 경험이 있다. 특히 미국시장에서는 소니를 제치고 최고의 프리미엄을 인정받는 TV로 자리잡게 했다. 이 같은 활약에 힘입어 삼성전자는 2004년 북미시장에서 매출 170억 달러를 올려 전년 110억 달러보다 55%나 성장했다. 디지털TV 부문에서는 점유율 16.2%로 전체 점유율 2위에 올라섰고, 휴대폰에서도 CDMA단말기는 1위 (점유율 25%), 휴대폰 전체로는 3위(20%)를 달성했다.

오사장이 미국시장을 맡은 지난 2년간 현지에서 '삼성'은 가장 빠르게 성장하는 브랜드로 자리를 잡았다.

13 걸어다니는 유럽
양해경 구주전략본부 사장

약 력
• 1948년생
• 대구고 – 고려대 경영학과
• 1970년 제일모직 입사
  1995년 삼성전자 독일지주회사 대표
  1998년 삼성물산 상사부문 구주본사 부사장
  2005년 삼성전자 구주전략본부 사장

양해경 구주전략본부 사장은 2005년 1월 신임 사장으로 승진했다. 삼성그룹 내에서는 대표적인 유럽통이다. 대구고등학교와 고려대학교 경영학과를 나와 1970년 제일모직에 입사, 35년간 삼성에 재직하는 대부분을 유럽에서 보냈다.

양사장은 입사 3년만에 제일모직의 독일 함부르크 주재원으로 나간 이래 삼성물산 삼성전자를 거치면서 줄곧 유럽 수출시장 개척과 수출 확대에만 전력을 다해왔다.

1985년에는 입사 15년만에 삼성물산의 독립법인 대표를 맡을 정도로 실력을 인정받았고, 1995년 삼성전자 독일지주회사 대표로 자리를 옮겼다. 1999년 삼성전자 구주전략본부장 겸 부사장을 맡아 지금까지 유럽시장 수출전략을 진두지휘해왔다. 1999년에는 유럽 수출을 확대한 공로를 인정받아 산업포장을 받기도 했다.

그는 그동안 헝가리에 가전 생산을 위한 전진기지를 구축해 성공적으로 유럽시장을 공략한 공로를 인정받아 사장으로 승진했다. 특히 양사장이 담당하는 구주전략본부장은 단순히 삼성전자의 수출업무만이 아니라 삼성그룹 전체의 유럽전략을 짜고 실행하는 위치다.

양사장은 앞으로 유럽을 동유럽서유럽독립국가연합(CIS) 등 3대 권역으로 나눠 특성화한 수출전략을 추진할 계획이다. 그는 차별화한 감성마케팅을 전개해 2005년은 2004년보다 25% 증가한 200억 달러의 수출을 달성한다는 목표를 세웠다. 워낙 유럽지역의 전문가로 활동하다보니 프랑크푸르트 한국상사협회 회장, 재EU 한국경제인협의회 회장 등 한국을 대표하는 경제인으로 인정받기도 했다.

이건희 삼성 회장은 2004년 9월 헝가리에서 가진 전자사장단회의에서 "유럽시장에서의 성공이 선진시장의 성패를 좌우한다며 브랜드, 디자인, 기술력 등을 바탕으로 유럽시장을 선점하라"는 지시를 내린바 있다. 이회장은 곧바로 이번 인사를 통해 구주전략본부장을 사장으로 승진시킴으로써 이 같은 임무에 힘을 실어 줬다.